TESTAMENT
POLITIQUE

D'ARMAND DU PLESSIS,

CARDINAL DUC
DE
RICHELIEU,

PAIR ET GRAND AMIRAL DE FRANCE,
Premier Miniſtre du Conſeil d'Etat
ſous le Régne de L o ü i s XIII. Roi
de France & de Navarre, Comman-
deur des Ordres de Sa Majeſté , Evê-
que de Luſſon , Con-fondateur &
Bien-faiteur de la Maiſon & Société
de Sorbonne.

SECONDE PARTIE.

A AMSTERDAM,
Chez Henry Desbordes, dans
le Kalver-Straat, prés le Dam.

M. DC. LXXXVIII.

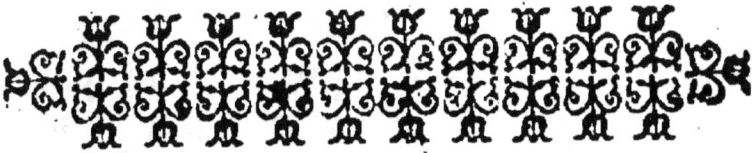

TESTAMENT POLITIQUE DU CARDINAL DUC DE RICHELIEU.

SECONDE PARTIE.

LES Conseils dont je viens de parler dans la Premiére Partie de ce Livre, étant bien établis ; c'est aux Conseillers à travailler en Gens de Bien , selon certains Principes généraux, desquels dépend la bonne Administration des Etats.

Bien qu'on pût en proposer beaucoup, qui sembleroient être-trés-Utiles,les Sçiences étant beaucoup plus excellentes & plus faciles à comprendre, que les Principes sont en moindre nombre; Je réduirai ceux dont j'ai estimé qu'il faut se servir au Gouvernement de ce Royaume, à Neuf tout à fait Nécessaires à mon avis.

Si quelques-uns d'iceux ont diverses Branches, elles n'augmenteront pas pourtant leur nombre, non plus que celles de tous les Arbres que nous voyons, n'en multiplient pas les Corps.

CHAPITRE I.

Le Premier Fondement du Bonheur d'un Etat est l'Etablissement du Régne de Dieu.

LE Régne de Dieu est le principe du Gouvernement des Etats : & en effet c'est une chose si absolument nécessaire, que sans ce Fondement il n'y a point de Prince qui puisse bien Régner, ni d'Etat qui puisse être Heureux.

Il seroit aisé de faire des Volumes entiers sur un Sujet si Important, auquel l'Ecriture, les Peres, & toutes sortes d'Histoires nous fourniroient un nombre infini d'Exemples, de Préceptes & d'Exhortations qui conspirent à une même Fin ; Mais c'est une chose si connuë d'un chacun par sa propre Raison, qu'il ne tire pas son Etre de lui-même ; mais qu'il a un DIEU pour Créateur, & par conséquent pour Directeur, qu'il n'y a personne qui ne sente que la Nature a imprimé cette Vérité dans son

Cœur,

Cœur, avec des Caractéres qui ne peuvent s'effacer.

Tant de Princes se sont perdus, Eux, & leurs Etats, pour fonder leur Conduite sur un Jugement contraire à leur propre Connoissance ; & tant d'autres ont été comblez de Bénédictions, pour avoir soûmis leur Autorité à celle dont elle dérivoit, pour n'avoit cherché leur Grandeur qu'en celle de leur Créateur, & pour avoir eu plus de soin de son Régne, que du leur propre, que je ne m'étendrai pas davantage sur une Vérité trop évidente, pour avoir besoin de Preuve.

Seulement dirai-je en un mot, qu'ainsi qu'il est impossible que le Regne d'un Prince, qui laisse régner le Désordre & le Vice en son Etat, soit Heureux ; aussi Dieu ne souffrira-t-il pas aisément, que celui soit Malheureux, qui aura un soin particulier d'établir son Empire dans l'étenduë de sa Domination.

Rien n'est plus utile à un Etablissement, que la bonne Vie des Princes, laquelle est une Loi Parlante & Obligeante avec plus d'efficace, que toutes celles qu'ils pourroient faire pour contraindre au Bien qu'ils veulent procurer.

S'il est vrai, qu'en quelque Crime que puisse tomber un Souverain, il peche

che

che plus par le mauvais Exemple, que par la nature de sa Faute; il n'est pas moins indubitable que quelques Loix qu'il puisse faire, s'il pratique ce qu'il prescrit, son Exemple n'est pas moins utile à l'Observation de ses Volontez, que toutes les Peines de ses Ordonnances, pour graves qu'elles puissent être.

La Pureté d'un Prince Chaste, bannira plus d'Impureté de son Royaume, que toutes les Ordonnances qu'il sçauroit faire à cette fin.

La Prudence, & la Retenuë de celui qui ne jurera point, rétranchera plûtôt tous les sermens & Blasphémes, trop ordinaires dans les Etats, que quelque Rigueur qu'il puisse exercer contre ceux qui s'adonnent à telles Exécrations.

Ce n'est pas pour cela, qu'il faille s'abstenir de faire rigoureusement châtier les Scandales, les Juremens & les Blasphémes; au contraire, on ne sçauroit y être trop Exact, & pour Sainte & Exemplaire que puisse être la Vie d'un Prince, & d'un Magistrat, ils ne seront jamais censez faire ce qu'ils doivent, si en y conviant par leur Exemple, ils n'y contraignent par la Rigueur des Loix.

Il n'y a point de Souverain au Monde, qui ne soit obligé par ce Principe à procurer la Conversion de ceux, qui vi-

vans sous son Régne, sont dévoyez du
chemin de Salut. Mais comme l'Homme est Raisonnable de sa Nature, les
Princes sont censez, avoir en ce Point
satisfait à leur obligation, s'ils pratiquent tous les Moyens Raisonnables,
pour arriver à une si bonne Fin; & la
Prudence ne leur permet pas d'en ten-
ter de si Hazardeux, qu'ils puissent dé-
raciner le bon Bled, en voulant déra-
ciner la Zizanie, dont il seroit difficile de purger un Etat, par autre Voye
que celle de la Douceur, sans s'exposer
à un ébranlement capable de le perdre,
ou au moins de lui causer un notable
Préjudice.

Comme les Princes sont obligez d'é-
tablir le vrai Culte de Dieu, ils doivent
être fort Soigneux d'en bannir les faus-
ses Apparences, si préjudiciables aux
Etats, qu'on peut dire avec vérité, que
l'Hypocrisie a souvent servi de Voile,
pour couvrir la laideur des plus perni-
cieuses Entreprises.

Beaucoup d'Esprits, dont la Foiblesse est équipolente à la Malice, se servent quelques-fois de ce genre de Ruse,
d'autant plus ordinaire aux Femmes,
que leur Sexe est plus porté à la Dévo-
tion, & que le peu de force dont il est
accompagné les rend plus Capables de

tels

tels Déguifemens, qui fuppofent moins
de Solidité que de Fineffe.

CHAPITRE II.

*La Raifon doit être la Régle de la con-
duite d'un Etat.*

LA Lumiére Naturelle fait connoître à un châcun, que l'Homme
ayant été fait Raifonnable, il ne doit
rien faire que par Raifon, puis qu'autrement il feroit contre fa Nature, &
par conféquent contre celui même qui
en eft l'Autheur.

Elle enfeigne encore, que plus un
Homme eft Grand & Elévé, plus il doit
faire état de ce Privilége, & moins doit-
il abufer du Raifonnement qui confti-
tuë fon Eftre; parce que les Avantages
qu'il a fur les autres Hommes, contraignent à conferver, & ce qui eft de la
Nature, & ce qui eft de la Fin, que celui
dont il tire fon Elévation s'eft propofé.

De ces deux Principes, il s'enfuit
clairement, que fi l'Homme eft Souverainement Raifonnable, il doit Souverainement faire réguer la Raifon; Ce
qui ne requiert pas feulement qu'il ne
faffe rien fans elle, mais l'oblige de plus
à faire, que tous ceux qui font fous fon
Au-

Autorité la révérent & la suivent Réligieusement.

Cette Conséquence est la Source d'une autre, qui nous enseigne, qu'ainsi qu'il ne faut rien vouloir, qui ne soit Raisonnable & juste, il ne faut rien vouloir de tel, que l'on ne fasse exécuter, & où les Commandemens ne soient suivis d'Obéissance, parce qu'autrement la Raison ne régneroit pas Souverainement.

La Pratique de cette Régle, est d'autant plus aisée, que l'Amour est le plus Puissant Motif qui oblige à obeïr, & qu'il est impossible que des Sujets n'aiment pas un Prince, s'ils connoissent que la Raison soit la Guide de toutes ses actions.

L'Autorité contraint à l'Obéissance, mais la Raison y persuade, & il est bien plus à propos de conduire les Hommes par des Moyens qui gaignent insensiblement leur Volonté, que par ceux, qui le plus souvent ne les font agir qu'entant qu'ils les forcent.

S'il est vrai, que la Raison doit être le Flambeau qui éclaire les Princes en leur Conduite, & en celle de leurs Etats, est-il encore vrai, que n'y ayant rien au Monde, qui compatisse moins avec elle que la Passion, qui aveugle tellement,

qu'elqu'elle fait quelques-fois prendre l'Ombre pour le Corps : Un Prince doit sur tout éviter d'agir par un tel Principe, qui le rendroit d'autant plus Odieux, qu'il est directement contraire à celui qui distingue l'Homme d'avec les Animaux.

On se répent souvent à loisir de ce que la Passion a fait faire avec précipitation, & on n'a jamais lieu de faire le même des choses ausquelles l'on s'est porté, par des Considérations Raisonnables.

Il faut vouloir fortement ce qu'on a résolu par de semblables Motifs, puis que c'est le seul moyen de se faire obéïr, & qu'ainsi que l'Humilité est le premier Fondement de la Perfection Chrétienne, l'Obéïssance est le plus Solide de celle de la Sujection, si nécessaire à la Subsistance des Etats, que si elle est Défectueuse ils ne peuvent être Florissans.

Il y a beaucoup de choses, qui sont de cette Nature, qu'entre le Vouloir & le Faire il n'y a point de différence, à cause de la facilité qui se trouve en leur Exécution ; Mais il les faut vouloir efficacement, c'est à dire, avec telle Fermeté qu'on les veüille toûjours, & qu'aprez en avoir commandé l'Exécution, on fasse châtier sévérement ceux qui n'obéïssent pas.

Celles qui paroissent les plus difficiles,
& pres-

& presques impossibles, ne le font que par l'indifférence, avec laquelle il semble qu'on les veüille, & qu'on les ordonne; & il est vrai que les Sujets seront toûjours Réligieux à obéir, lors que les Princes seront Fermes & Perséverans à commander; d'où il s'ensuit que c'est une chose certaine, que leur Indifférence & leur Foiblesse, en sont la Cause.

En un mot, ainsi que vouloir fortement, & faire ce qu'on veut, est une même chose en un Prince autorisé en son État; ainsi vouloir foiblement & ne vouloir pas, en sont si differens, qu'ils aboutissent à une même Fin.

Le Gouvernement du Royaume réquiert une Vertu mâle, & une Fermeté inébranlable, contraire à la Molesse, qui expose ceux en qui elle se trouve, aux entreprises de leurs Ennemis.

Il faut en toutes choses, agir avec Vigueur, veu principalement, que quand même le Succez de ce qu'on entreprend ne seroit pas bon, au moins aura-t on cet avantage, que n'ayant rien obmis de ce qui le pouvoit faire réüssir, on évitera la Honte, lors qu'on ne peut éviter le Mal d'un mauvais Evénement.

Quand même on succomberoit en faisant son Devoir, la Disgrace seroit heureuse; & au contraire, quelque bon

Suc-

Succez qu'on puisse avoir, en se relâchant de ce à quoi l'on est obligé par Honneur & par Conscience, il doit être estimé malheureux, puis qu'il ne sçauroit emporter aucun Profit, qui égale les Desavantages qu'on reçoit du Moyen par lequel il a été procuré.

Par le Passé, la plûpart des grands Desseins de la France sont allez en Fumée, parce que la première difficulté qu'on rencontroit en leur Exécution, arrêtoit tous ceux qui par Raison, ne devoient pas laisser que de les poursuivre; & s'il est arrivé autrement durant le Régne de V. M. la Persévérance avec laquelle on a constamment agi, en est la cause.

Si une fois on n'est pas propre à l'Exécution d'un bon Dessein, il en faut attendre une autre; & lors qu'on a mis la Main à l'Ocuvre, si les difficultez qu'on rencontre obligent à quelque surséance, la Raison veut qu'on reprenne ses premières voyes, aussi-tôt que le tems & l'occasion se trouveront favorables.

Eu un mot, rien ne doit détourner d'une bonne Entreprise, si ce n'est qu'il arrive quelque Accident, qui la rende tout-à-fait impossible, & il ne faut rien oublier de ce qui peut avancer l'Exécution

tion de celles, qu'on a résoluës avec Raison.

C'est ce qui m'oblige de parler en ce Lieu du Secret & de la Discipline, qui sont si nécessaires au bon Succez des Affaires, que rien ne le peut davantage.

Outre que l'Expérience en fait Foy, la Raison en est évidente, veu que ce qui surprend, étonne d'ordinaire de telle sorte, qu'il ôte souvent les Moyens de s'y opposer, & que pour suivre lentement l'éxécution d'un Dessein, & le divulguer, est le même que parler d'une chose pour ne la pas faire.

De la vient que les Femmes Paresseuses, & peu Sécretes de leur nature, sont si peu Propres au Gouvernement; que si on considére encore, qu'elles sont fort sujettes à leurs Passions, & par consequent peu susceptibles de Raison & de Justice, ce seul Principe les exclud de toutes Administrations publiques.

Ce n'est pas qu'il ne s'en puisse trouver quelqu'une, tellement exemte de ces Défauts, qu'elle pourroit y être admise.

Il y a peu de Régles, qui ne soient capables de quelque Exception; Ce Siécle même en a porté quelqu'une, qu'on ne sçauroit assez loüer; mais il est vrai qu'ordinairement leur Molesse les rend Incapables d'une Vertu mâle, nécessaire

A 7 faire

faire à l'Administration, & qu'il est
presque impossible, que leur Gouvernement soit exemt, ou de Bassesse, ou
de Diminution, dont la Foiblesse de
leur Sexe est la cause; ou d'Injustice,
ou de Cruauté, dont le Déréglement
de leurs Passions, qui leur tient lieu de
Raison, est la vraye Source.

CHAPITRE III.

*Qui montre que les Intérêts Publics doi-
vent être l'unique Fin de ceux qui
gouvernent les Etats, ou du moins qu'ils
doivent être préferez aux Particuliers.*

LEs Intérêts Publics doivent être l'u-
nique Fin du Prince, & de ses Conseillers, ou du moins, les uns & les autres sont obligez de les avoir en si singu-
liére récommandation, qu'ils les préférent à tous les Particuliers.

Il est impossible de concevoir le Bien
qu'un Prince, & ceux dont il se sert en
ses Affaires, peuvent faire s'ils suivent
Réligieusement ce Principe, & on ne
sçauroit s'imaginer le Mal qui arrive à
un Etat, quand on préfere les Intérêts
Particuliers, aux Publics, & que ces
derniers sont réglez par les autres.

La vraye Philosophie, la Loy Chré-
tien-

tienne, & la Politique, enseignent si
clairement cette Vérité, que les Conseillers d'un Prince ne sçauroient lui
mettre trop souvent devant les Yeux un
Principe si nécessaire, ni le Prince châtier assez sévérement ceux de son Conseil, qui sont assez Misérables, pour ne
le pratiquer pas.

Je ne puis que je ne remarque à ce
propos, que la Prospérité qui a toûjours
accompagné l'Espagne depuis quelques
Siécles, n'a point d'autre Cause que le
Soin que son Conseil a eu de préferer
les Intérêts de l'Etat à tous autres ; &
que la plûpart des Malheurs qui sont
arrivez à la France ont été causez par le
trop grand attachement que beaucoup
de ceux qui ont été employez à l'Administration ont eu à leurs propres Intérêts
au préjudice de ceux du Public.

Les uns ont toûjours suivi les Intérêts
du Public, qui par la force de leur nature les ont tirez à ce qui s'est trouvé le
plus avantageux à l'Etat.

Et les autres accommodant toutes
choses ou à leur utilité ou à leur caprice,
les ont souvent détournez de leur propre Fin, pour les conduire à celles qui
leur étoient ou plus agréables ou plus
avantageuses.

La Mort ou le Changement des Ministres

niſtres n'ont jamais apporté de muta-
-tion au Conſeil d'Eſpagne. Mais il n'en
a pas été de même en ce Royaume, où
les Affaires n'ont pas ſeulement été
changées par le changement des Con-
ſeillers , mais elles ont pris tant de diverſes Formes ſous les mêmes par la diverſité de leurs Conſeils , qu'un tel Pro-
cedé eût aſſûrement Ruïné cette Monarchie , ſi Dieu par ſa Bonté ne tiroit
des Imperfections de nôtre Nation, le
Reméde des Maux dont elle eſt cauſe.
Si la diverſité de nos Intérêts & nôtre
Inconſtance naturelle nous portent ſouvent dans des Préjugez effroyables , nôtre légéreté même ne nous permet pas
de demeurer fermes & ſtables en ce qui
eſt de nôtre propre bien , & nous en
tire ſi promptement que nos Ennemis
ne pouvant prendre de juſtes meſures
ſur des variétez ſi fréquentes , n'ont pas
le loiſir de profiter de nos Fautes.

Vôtre Conſeil ayant changé de Pro-
cedé depuis certain tems , vos Affaires
ont auſſi changé de Face au grand Bien
du Royaume ; Et ſi à l'avenir on continuë de ſuivre l'Exemple du Régne de
V. M. nos Voiſins n'auront pas l'Avantage qu'ils ont eu par le paſſé. Mais ce
Royaume partageant la Sageſſe avec
eux , aura ſans doute part à la bonne

Fortune , puis qu'encore qu'être Sage
& Heureux ne soit pas toûjours une même chose , le meilleur moyen qu'on
puisse prendre pour n'être pas Malheureux est de prendre le chemin qu'enseignent la Prudence & la Raison , & non
le Déréglement assez ordinaire aux Esprits des Hommes , & particuliérement
à ceux des François.

Si ceux en qui V. M. se confiera du
Soin de ses Affaires , ont la Capacité &
la Probité dont j'ai parlé cy-dessus , Elle n'aura plus à se garder en ce qui concerne ce Principe ; ce qui de soi-même
ne lui sera pas difficile , puis que l'Intérêt de la propre Réputation du Prince &
ceux du Public n'ont qu'une même fin.

Les Princes consentent fort aisément
aux Réglemens Généraux de leurs Etats,
parce qu'en les faisant ; ils n'ont devant
les Yeux que la Raison & la Justice ,
qu'on embrasse volontiers lors qu'on ne
trouve point d'obstacles qui détournent
du bon chemin. Mais quand l'occasion
se présente de mettre en Pratique les
bons Etablissemens qu'ils ont faits , ils
ne montrent pas toûjours la même Fermeté , parce que c'est lors que les Intérêts du Tiers & du Quart , la Pitié , la
Compassion , la Faveur & les Importunitez les solicitent & s'opposent à leurs
bons

bons Desseins, & qu'ils n'ont pas souvent assez de force pour se vaincre eux-mêmes & mépriser des Considérations particuliéres qui ne doivent être de nul poids au respect des publiques.

C'est en telles occasions qu'ils doivent recueillir toute leur Force contre leur Foiblesse, se remettant devant les Yeux que ceux que Dieu destine à conserver les autres, n'en doivent avoir que pour voir ce qui est avantageux au Public & pour leur conservation tout ensemble.

CHAPITRE IV.

Combien la Prévoyance est nécessaire au Gouvernement d'un Etat.

RIEN n'est plus nécessaire au Gouvernement d'un Etat que la Prévoyance, puis que par son Moyen on peut aisément prévenir beaucoup de Maux, qui ne se peuvent guérir qu'avec de grandes Difficultez quand ils sont arrivez.

Ainsi que le Medecin qui sçait prévenir les Maladies est plus estimé que celui qui travaille à les guérir. Ainsi les Ministres d'Etat doivent ils souvent se

re-

remettre devant les yeux & Repréfenter à leur Maître qu'il eft plus Important de confidérer l'avenir que le préfent, & qu'il eft des Maux comme des Ennemis d'un Etat, au devant defquels il vaut mieux s'avancer, que de fe referver à les chaffer aprés leur arrivée.

Ceux qui en uferont autrement tomberont en de tres-grandes Confufions, aufquelles il fera bien difficile d'apporter enfuite du Reméde.

Cependant c'eft une chofe ordinaire aux Efprits communs de fe contenter de pouffer le tems avec l'épaule, & d'aimer mieux conferver leur aife un mois durant que de s'en priver ce peu de tems, pour fe garantir du trouble de plufieurs années qu'ils ne confidérent pas, parce qu'ils ne voyent que ce qui eft préfent, & n'anticipent pas le tems par une fage Prévoyance.

Ceux qui vivent au jour la journée, vivent heureufement pour eux, mais on vit malheureufement fous leur Conduite.

Qui prévoit de loin ne fait rien par précipitation, puis qu'il y penfe de bonne heure, & il eft difficile de mal faire lorfqu'on y a penfé auparavant.

Il y a certaines occafions aufquelles il n'eft pas permis de Délibérer long-tems,

par-

parce que la nature des Affaires ne le
permet pas. Mais en celles qui ne font
pas de ce genre, le plus feur eft de dormir fur les Affaires, & de recompenfer
par la Sageffe de l'Exécution le delai
qu'on prend pour la mieux refoudre.

Il a été un tems qu'on ne donnoit en
ce Royaume aucun Ordre par précau-
tion, & lors même que les Maux étoient
arrivez, l'on n'y apportoit que des Remédes palliatifs, parce qu'il étoit impoffible d'y pourvoir abfolument, fans
bleffer le Tiers & le Quart de l'Intérêt
Particulier qu'on préféroit alors au Public. Cela faifoit qu'on fe contentoit
d'adoucir les Playes au lieu de les gue-
rir, ce qui a caufé beaucoup de Maux
dans ce Royaume.

Maintenant on a, graces à Dieu, depuis quelques années changé cette façon
d'agir avec un Succez fi heureux, qu'outre que la Raifon nous convie à la continuer, le grand fruit qu'on en a receû y
oblige tres-étroitement.

Il faut dormir comme le Lion fans
fermer les yeux, qu'on doit avoir con-
tinuéllement ouverts pour prévoir les
moindres Inconvéniens qui peuvent arriver; fe fouvenir qu'ainfi que la Phtifie
ne rend pas le Poux ému, bien qu'elle
foit mortelle. Ainfi arrive-t-il fouvent

dans

dans les Etats , que les Maux qui sont imperceptibles de leur origine , & dont on a moins de sentiment sont les plus dangereux , & ceux qui viennent enfin à être de plus grande conséquence.

L'extraordinaire Soin qu'il faut avoir pour n'être point surpris en telles occasions , fait qu'ainsi qu'on a toûjours estimé les Etats Gouvernez par des Gens Sages , Bienheureux ; Aussi on a creu qu'entre ceux qui les Gouvernoient , ceux qui étoient les moins Sages étoient les plus Heureux.

Plus un Homme est habile , plus ressent-il le Faix du Gouvernement dont il est chargé.

Une Administration publique occupe tellement les meilleurs Esprits , que les perpétuelles Méditations qu'ils sont contraints de faire pour prévoir & prévenir les Maux qui peuvent arriver , les privent de repos & de contentement , hors de celui qu'ils peuvent recevoir voyant beaucoup de Gens dormir sans crainte à l'ombre de leurs Veilles , & vivre Heureux par leur Misère.

Comme il est nécessaire de voir autant qu'il est possible par avance , quel peut être le Succez des Desseins qu'on entreprend pour ne se tromper pas en son compte , la Sagesse & la veuë des Hom-

Hommes ayant toûjours des Bornes au delà defquelles elle n'apperçoit rien; & n'y ayant que Dieu qui puiffe voir la derniére Fin des chofes; il fuffit fouvent de fçavoir que les Projets qu'on fait font juftes & poffibles pour s'y embarquer avec Raifon.

Dieu concourt à toutes les Actions des Hommes par une coopération générale qui fuit leur Deffein, & c'eft à eux d'ufer en toutes chofes de leur liberté felon la Prudence dont la Divine Sageffe les a rendus capables.

Mais lors qu'il s'agit de grandes Entreprifes qui concernent la Conduite des Hommes, aprés avoir fatisfait à l'obligation qu'ils ont d'ouvrir doublement les yeux pour mieux prendre leurs mefures; Aprés s'être fervis de toute la confidération dont l'Efprit Humain eft capable, ils doivent fe repofer fur la Bonté de l'Efprit de Dieu, qui infpirant quelquefois aux Hommes ce qui eft de toute éternité dans fes Décrets, les conduit comme par la main à leurs propres Fins.

CHA-

CHAPITRE V.

La Peine & la Recompenſe ſont deux Points tont-à-fait néceſſaires à la Conduite des Etats.

C'EST un dire commun, mais d'autant plus véritable qu'il a été de tout tems en la bouche & en l'Eſprit de tous les Hommes, que la Peine & la Recompenſe ſont les deux Points les plus Importans pour la Conduite d'un Royaume.

Il eſt certain que quand même on ne ſe ſerviroit point au Gouvernement des Etats d'aucun Principe que de celui d'être infléxible à châtier ceux qui les deſſervent, & religieux à Récompenſer ceux qui leur procurent quelque notable Avantage. On ne ſçauroit les mal Gouverner, n'y ayant perſonne qui ne ſoit capable d'être contenu dans ſon Devoir par la crainte ou par l'eſpérance.

Je fais marcher la Peine devant la Recompenſe, parce que s'il ſe faloit priver de l'une des deux, il vaudroit mieux ſe diſpenſer de la derniére que de la premiére.

Le bien devant être embraſſé pour
l'a-

l'amour de Soi-même, à la grande rigueur on ne doit point de Recompense
à celui qui s'y porte. Mais n'y ayant
point de Crime qui ne viole ce à quoi on
est obligé, il n'y en a point qui n'oblige
à la Peine qui est deuë à la des-obéïssan-
ce, & cette obligation est si étroite qu'en
beaucoup d'occasions on ne peut laisser
une faute impunie, sans en commettre
une nouvelle.

Je parle des Fautes qui blessent l'Etat
par Dessein projetté, & non de plusieurs
autres qui arrivent par hazard & par
malheur, esquelles les Princes peuvent & doivent user d'Indulgence.

Bien que pardonner en tel cas soit une
chose loüable ne châtier pas une faute de
conséquence, & dont l'Impunité ouvre la porte à la licence, c'est une ob-
mission criminelle.

Les Théologiens en demeurent d'ac-
cord aussi bien que les Politiques, &
tous conviennent qu'en certaines rencontres où les Princes feroient mal de
ne pardonner pas à ceux qui sont chargez du Gouvernement Public, ils seroient aussi inexcusables, si au lieu d'u-
ne severe Punition, ils usoient d'Indulgence.

L'Expérience apprenant à ceux qui
ont une longue Prátique du Monde,
que

que les Hommes perdent facilement la mémoire des Bienfaits, & que lors qu'ils en font comblez, le défir d'en avoir de plus grands, les rend fouvent & Ambitieux & Ingrats tout enfemble, elle nous fait connoître aufli que les châtimens font un moyen plus affeuré pour contenir un châcun dans fon devoir. Veu qu'on les oublie d'autant moins qu'ils font impreffion fur nos Sens, plus puiffans fur la plûpart des Hommes que la Raifon, qui n'a point de force fur beaucoup d'Efprits.

Etre Rigoureux envers les Particuliers qui font gloire de méprifer les Loix & les Ordonnances d'un Etat, c'eft être bon pour le Public. Et on ne fauroit faire un plus grand Crime contre les Intérêts Publics, qu'en fe rendant Indulgent envers ceux qui les violent.

Entre plufieurs Monopoles, Factions & Séditions qui fe font faites de mon tems dans ce Royaume, je n'ai jamais veu que l'Impunité ait porté aucun Efprit naturellement à fe corriger de fa mauvaife Inclination. Mais au contraire font retournez à leur premier vomiffement, & fouvent avec plus d'effet la feconde fois que la premiére.

L'Indulgence pratiquée jufqu'à prefent en ce Royaume, l'a fouvent mis en de tres-grandes & déplorables extrémitez.

Les Fautes y étant impunies, châcun y a fait un Métier de sa Charge ; & sans avoir égard à ce à quoi il étoit obligé pour s'en acquitter dignement, il a seulement considéré ce qu'il pouvoit faire pour en profiter davantage.

Si les Anciens ont estimé qu'il étoit dangereux de vivre sous un Prince, qui ne veut rien remettre de la rigueur du Droit, ils ont aussi remarqué qu'il l'étoit encore davantage de vivre dans un Etat, où l'impunité ouvre la Porte à toute sorte de Licences.

Tel Prince, ou Magistrat, craindra pécher par trop de rigueur, qui devroit rendre compte à D i e u, & ne sçauroit qu'être blâmé des hommes sages, s'il n'exerçoit pas celle qui est prescrite par les Loix.

Je l'ai souvent representé à V. M. & je la supplie encore de s'en resouvenir soigneusement, parce qu'ainsi qu'il se trouve des Princes, qui ont besoin d'être détournez de la Séverité, pour éviter la cruauté à laquelle ils sont portez par leurs Inclinations, V. M. a besoin d'être divertie d'une fausse Clemence, plus dangereuse que la Cruauté même, puis que l'Impunité donne lieu d'en

exer-

exercer beaucoup qu'on ne peut empêcher que par le Châtiment.

La Verge, qui eſt le Symbole de la Juſtice, ne doit jamais être inutile ; Je ſçais bien auſſi qu'elle ne doit pas être ſi accompagnée de Rigueur, qu'elle ſoit deſtituée de Bonté ; Mais cette derniére Qualité ne ſe trouve point en l'Indulgence qui autoriſe les Deſordres, qui pour petits qu'ils ſoient, ſont ſouvent ſi préjudiciables à l'Etat, qu'ils peuvent cauſer ſa Ruine.

S'il ſe rencontre quelqu'un aſſez mal-aviſé pour condamner en ce Royaume la Sévérité néceſſaire aux Etats, parce que juſqu'à preſent elle n'y a pas été pratiquée, il ne faudra que lui ouvrir les yeux, pour lui faire connoître que l'Impunité juſqu'à préſent y a été trop ordinaire, & la ſeule cauſe, que l'Ordre & la Régle n'y ont jamais eu aucun lieu, & que la continuation des Deſordres contraint de recourir aux derniers Remédes, pour en arrêter le Cours.

Tant de Partis qui ſe ſont faits par le paſſé contre les Rois, n'ont point eu d'autre ſource que leur trop grande Indulgence. Enfin pourvû qu'on ſçache nôtre Hiſtoire, on ne peut ignorer cette Vérité, dont je produis un Témoignage d'autant moins ſuſpect, en ce

B 2   dont

dont il s'agit, qu'il est tiré de la Bouche de nos Ennemis, ce qui presque en toute autre occasion le rendroit non récevable.

Le Cardinal Zapata homme de bon Esprit, rencontrant les Sieurs Baraut & Bautru dans l'Anti-chambre du Roi son Maître, un quart-d'heure apres que la Nouvelle fut arrivée à Madrid de l'Exécution du Duc de Montmorenci, leur fit cette Question ; quelle étoit la plus grande cause de la Mort de ce Duc; Bautru répondit promptement, selon la Qualité de son Esprit tout de feu, en Espagnol ; *sus falsas*. No, repartit le Cardinal ; *pero la Clemensia de lors Reyes antepassados* : Qui étoit dire proprement, que les Fautes que les Prédécesseurs du Roi avoient commises étoient plus cause du châtiment de ce Duc, que les siennes propres.

En matiére de Crime d'Etat, il faut fermer la Porte à la Pitié, & mépriser les Plaintes des personnes Intéressées, & les Discours d'une Populace Ignorante, qui blâme quelques-fois ce qui lui est le plus utile, & souvent tout à fait nécessaire.

Les Chrétiens doivent perdre la mémoire des Offenses qu'ils reçoivent en leur particulier, mais les Magistrats sont obli-

obligez de n'oublier pas celles qui inté-
reſſent le Public ; & en effet, les laiſſer
impunies, eſt bien plûtôt les commettre de nouveau, que les pardonner &
les remettre.

Il y a beaucoup de Gens, dont l'Igno-
rance eſt ſi groſſiére, qu'ils eſtiment que
c'eſt ſuffiſamment remédier à un Mal,
que d'en faire une nouvelle Défenſe;
mais tant s'en faut qu'il ſoit ainſi, que ie
puis dire avec vérité, que les nouvelles
Loix ne ſont pas tant des Remédes aux
Déſordres des Etats, que des Témoi-
gnages de leur Maladie, & des Preuves
aſſûrées de la Foibleſſe du Gouvernement; attendu que ſi les Anciennes Loix
avoient été bien exécutées, il ne ſeroit
beſoin, ni de les rénouveller, ni d'en
faire d'autres pour arrêter de nouveaux
Déſordres, qui n'euſſent pas plûtôt
pris cours, que l'on eût vû une grande
Autorité à punir les Maux commis.

Les Ordonnances & les Loix ſont
tout-à-fait inutiles, ſi elles ne ſont ſui-
vies d'exécutions, ſi abſolument néceſſaires, que bien qu'au cours des Affaires
ordinaires, la Juſtice requiere une Preuve Autentique, il n'en eſt pas de même
en celles qui concernent l'Etat ; Puis
qu'en tel Cas, ce qui paroît par des Con-
jectures preſſantes doit quelques-fois

être tenu pour fuffifamment éclairci ;
d'autant que les Partis, & les Monopoles qui fe forment contre le Salut Public, fe traittent d'ordinaire avec tant
de Rufe & de Sécret, qu'on n'en a jamais
de Preuve évidente, que par leur Evénement, qui ne reçoit plus de Remédé.

Il faut en telles occafions commencer quelques-fois par l'exécution, au
lieu qu'en toutes autres, l'éclairciffement du Droit par Témoins, ou par
Piéces irréprochables, eft préalable à
toutes chofes.

Ces Maximes femblent dangéreufes,
& en effet elles ne font pas entiérement
exemptes de Péril, mais elles fe trouveront tres-certainement telles, fi ne fe
fervant pas des derniers & extrémes Remédes, aux Maux qui ne fe vérifieront
que par Conjéctures, l'on en arrête
feulement le cours par des Moyens innocens, comme l'Eloignement, ou la
Prifon des Perfonnes foupçonnées.

La bonne Confcience, & la Pénétration d'un Efprit Judicieux, qui Sçavant au cours des Affaires, connoît
prefque auffi certainement le Futur que
le Prefent ; que le Jugement médiocre
par la vûë des chofes mémes, garantira
cette Pratique de mauvaife fuite ; & au
pis aller, l'Abus qu'on y peut commettre

tre n'étant dangereux que pour les Particuliers, à la Vie desquels on ne touche point par telle Voye, elle ne laisse pas d'être Récévable, veu que leur Intérêt n'est pas comparable à celui du Public.

Cependant il faut être fort rétéñu, pour n'ouvrir pas par ce moyen une Porte à la Tyrannie, dont on se garentira indubitablement, si comme j'ai dit ci-dessus, on ne se sert en Cas douteux, que de Remédes innocens.

Les Punitions sont si nécessaires en ce qui concerne l'Intérêt Public, qu'il n'est pas même libre d'user en ce genre de Fautes d'Indulgence, compensant un Mal présent pour un Bien passé, c'est à dire, de laisser un Crime impuni, parce que celui qui l'a commis, a bien servi en quelque autre Occasion.

C'est néanmoins ce qui jusqu'à présent s'est souvent pratiqué en ce Royaume, où non seulement les Fautes légéres ont été oubliées, par la considération des Services de grande importance; mais les plus grands Crimes abolis, par des Services de nulle considération, ce qui est tout-à-fait insuportable.

Le Bien & le Mal sont si différens & si contraires, qu'ils ne doivent point être mis en paralele l'un avec l'autre; Ce

font

font deux Ennemis, entre lesquels il ne se doit faire ni Quartier, ni échange ; si l'un est digne de Recompense, l'autre l'est de Châtiment, & tous deux doivent être traitez selon leur Mérite.

Quand même la Conscience pourroit souffrir qu'on laissât une Action signalée sans Recompense, & un Crime notable sans Châtiment, la Raison d'Etat ne le pourroit permettre.

La Punition & les Bien-faits, regardent le Futur plûtôt que le Passé ; il faut par nécessité qu'un Prince soit Sévére, pour détourner les Maux qui se pourroient commettre, sur l'espérance d'en obténir Grace, s'il étoit connu trop Indulgent, & qu'il fasse du Bien à ceux qui sont plus Utiles au Public, pour leur donner lieu de continuer à bien-faire, & à tout le Monde de les imiter, & suivre leur Exemple.

Il y auroit plaisir à pardonner un Crime, si son Impunité ne laissoit point lieu de craindre une mauvaise suite ; & la Nécessité de l'Etat dispenseroit quelques-fois légitimement de récompencer un Service, si en privant celui qui l'a rendu de son Salaire, on ne se privoit pas aussi conjointement de l'Espérance d'en recevoir à l'avenir.

Le

Les Ames Nobles prénant autant de plaifir du bien, qu'elles ont de peine à faire du mal, je quitte le Difcours des Châtimens & des Supplices, pour finir agréablement ce Chapitre, par les bienfaits, & par les Récompenfes ; fur quoi je ne puis que je ne remarque, qu'il y a cette Différence, entre les Graces qui fe font par Réconnoiffance de Service, & celles qui n'ont autre Fondement, que la pure Faveur des Rois, que celles-cy doivent être grandement modérées, au lieu que les autres ne doivent avoir d'autres Bornes, que celles mêmes des Services qui ont été rendus au Public.

Le Bien des Etats requiert fi abfolument que leurs Princes foient Liberaux, que s'il m'eft quelques fois venu dans l'Efprit, qu'il fe trouve des hommes, qui par leur Propenfion Naturelle ne font pas Bien-faifans ; j'ai toûjours eftimé, que ce défaut, blâmable en toute forte de perfonnes, eft une dangereufe Imperfection aux Souverains, que étant à tître plus particulier que les autres, l'Image de leur Créateur, qui par fa nature fait bien à tout le Monde, ne peuvent pas ne l'imiter en ce point, fans en être refponfables devant lui.

La raifon eft, qu'il veut qu'ils prennent

nent plaifir à fuivre fon exemple, & qu'ils diftribuent leurs bien-faits de Bonne-grace; Autrement obligeant, fans ces deux Conditions, il reffemblent aux Avaricieux, qui fervent en leurs Feftins de bonnes Viandes, mais fi mal-aprêtées, que ceux qui y font en font nourris fans mettre la main à la bouche, ou ceux qui en faifant la dépenfe en prennent leur part comme les autres, n'ayant aucun plaifir en les mangeant.

Je m'étendrois davantage fur ce fujet, fi je n'en avois parlé en un autre des Chapitres précédens, repréfentant combien il eft important, que les Princes faffent du bien à ceux de leur Confeil, qui les ferviront fidélement.

CHAPITRE VI.

Une Négociation continuelle, ne contribuë pas peu au bon fuccez des Affaires.

LEs Etats réçoivent tant d'avantage des Négociations continuelles, lors qu'elles font conduites avec prudence, qu'il n'eft pas poffible de le croire, fi on ne le fçait par expérience.

J'avouë que je n'ai connu cette Vérité, que cinq ou fix ans aprez que j'ai été employé dans le maniement des affaires;

res; Mais j'en ai maintenant tant de certitude, que j'ose dire hardiment, que négocier sans cesse ouvertement ou sécrétement en tous Lieux, encore même qu'on n'en réçoive pas un Fruit présent, & que celuy qu'on en peut attendre à l'avenir ne soit pas apparent, est chose tout-à-fait nécessaire pour le bien des Etats.

Je puis dire avec vérité, avoir vû de mon Tems changer tout-à-fait de face les affaires de la France, & de la Chrétienté, pour avoir, sous l'Autorité du Roi, fait pratiquer ce principe, jusqu'alors absolument négligé en ce Royaume.

Entre ses sémences, il s'en trouve qui produisent plûtôt leur fruit les unes que les autres; il y en a qui ne sont pas plûtôt en Terre, qu'elles germent & poussent une Pointe au déhors, & d'autres y demeurent fort long-tems avant que de produire un même effet.

Celui qui négotie trouve enfin un Instant propre pour venir à ses Fins; & quand même il ne le trouveroit pas, au moins est-il vrai qu'il ne peut rien perdre, & que par le Moyen de ses Négociations, il est averti de ce qui se passe dans le Monde, ce qui n'est pas de petite Conséquence pour le bien des Etats.

Les

Les Négociations font des remédes innocens, qui ne font jamais de Mal, il faut agir par tout, prez & loin, & fur tout à Rome.

Entre les deux Confeils qu'Antoine Pérez donna au Feu Roi, il mit en Tête de fe rendre Puiffant en cette Cour-là, & non fans raifon, puis que les Ambaffadeurs & tous les Princes de la Chrêtienté qui s'y trouvent; jugent que ceux qui font en cette Cour les plus Puiffans en Credit & en Autorité, font ceux en effet qui ont plus de Puiffance en eux-mêmes, & plus de Fortune; & en vérité leur Jugement n'eft pas mal fondé, étant certain que bien qu'il n'y ait Perfonne au Monde qui doive faire tant d'état de la Raifon que les Papes, il n'y a point de Lieu où la Puiffance foit plus confiderée qu'en leur Cour; Ce qui paroît fi clairement, que le Refpeçt qu'on y rend aux Ambaffadeurs croît ou diminuë & change de face tous les jours, felon que les Affaires de leurs Maîtres vont bien ou Mal, d'où il arrive bien fouvent que ces Miniftres reçoivent deux Vifages en un jour, fi un Courrier qui arrive le Soir, rapporte des Nouvelles différentes de celles qui font venuës le Matin.

Il eft des Etats comme des Corps Humains,

mains, la bonne couleur qui paroît au Vifage de l'Homme, fait juger au Medecin qu'il n'y a rien de gâté au dedans, & de même que ce bon Tein procede de la bonne Difpofition des Parties Nobles & Internes, auffi eft-il certain que le moyen le meilleur qu'un Prince puiffe pratiquer, pour être bien à Rome, eft de bien établir fes Affaires au dedans de fes Etats, & qu'il eft prefque impoffible d'être en grande Réputation dans cette Ville, qui a long-tems été le Chef, & qui eft le Centre du Monde, fans l'être partout l'Univers, au grand Avantage des Intérêts Publics.

La Lumiére naturelle enfeigne à un châcun qu'il faut faire état de fes Voifins, parce que comme leur Voifinage leur donne lieu de pouvoir nuire, il les met auffi en état de pouvoir fervir ainfi que les déhors d'une Place, qui empéchent qu'on en puiffe d'abord approcher les Murailles.

Les médiocres Efprits refferrent leurs penfées dans l'étenduë des Etats où ils font nez, mais ceux à qui Dieu a donné plus de Lumiére, apprenant des Médécins, qu'aux plus grands Maux, les Révolutions fe font violemment par les Parties les plus éloignées, ils n'oublient rien pour fe fortifier au loin.

B

Il faut agir en tous Lieux (ce qui eſt bien à rémarquer) ſelon l'humeur & les moyens convenables à la portée de ceux avec qui on négocie.

Diverſes Nations ont divers Mouvemens, les unes concluent promptement ce qu'elles veulent faire, & les autres y marchent à pas de plomb.

Les Républiques ſont de ce dernier Genre, elles vont lentement, & d'ordinaire on n'obtient pas d'elles au premier coup ce qu'on demande, mais il faut ſe contenter de peu, pour parvenir à davantage.

Comme les grands Corps ſe meuvent plus difficilement que les petits, tels Genres d'Etat étant compoſez de pluſieurs Têtes, ils ſont beaucoup plus tardifs en leurs Réſolutions, & en leurs Exécutions, que les autres.

Et pour cette Raiſon la Prudence oblige ceux qui négocient avec eux de leur donner du Tems, & ne les preſſer qu'autant que leur Conſtitution naturelle permet.

Il eſt à remarquer, qu'ainſi que les Raiſons fortes & ſolides ſont excellentes pour les grands & Puiſſans Génies, les foibles ſont meilleures pour les médiocres, parce qu'elles ſont plus de leur Portée.

Châ-

Châcun conçoit les Affaires felon la Capacité, les plus grandes femblent aifées & petites aux hommes de bon Entendement, & de grand Cœur, & ceux qui n'ont pas ces qualitez trouvent d'ordinaire tout difficile.

Tels Efprits font incapables de connoître le Poids de ce qui leur eft propofé, & font quelques-fois peu de compte de ce qui en effet eft de grande importance, & quelques-fois auffi beaucoup de cas de ce qui ne mérite pas d'être confidéré.

Il faut agir avec un châcun felon la portée de fon efprit: En certaines occafions tant s'en faut que parler & agir courageufement, aprez qu'on a mis le droit de fon côté, foit courir à une Rupture, qu'au contraire, c'eft plûtôt la prévénir & l'étouffer en fa naiffance.

En d'autres, au lieu de réléver mal à propos de certains Difcours faits imprudemment par ceux avec qui l'on traitte, il faut les fouffrir avec Prudence & Adreffe tout enfemble, & n'avoir d'oreilles que pour entendre ce qui fait parvenir à fes Fins.

Il y a des Gens fi Préfomptueux, qu'ils eftiment devoir ufer de Bravoures en toutes rencontres, croyant que c'eft un bon Moyen pour obténir ce qu'ils ne peu-

peuvent prétendre par Raison, & à quoi ils ne sçauroient contraindre par la Force.

Ils pensent avoir fait du Mal, quand ils ont ménacé d'en faire ; mais outre que ce Procédé est contraire à la Raison, il ne réüssit jamais avec les Honnêtes Gens.

Comme les Sots ne sont pas bons à négocier, il y a des Esprits si fins & si délicats, qu'ils n'y sont pas beaucoup plus propres, parce que subtilisant sur toutes choses, ils font comme ceux qui rompent la pointe des Aiguilles les voulant affiler.

Pour bien agir il faut des Gens qui tiennent le milieu entre ces deux extrémitez, & les plus déliez se servant de la Bonté de leurs Esprits, pour s'empêcher d'être trompez, doivent bien prendre garde de n'en user pas pour tromper ceux avec qui ils traitent.

On se méfie toûjours de celui qu'on voit agir avec Finesse, & qui donne mauvaise impression de la Franchise & Fidélité avec laquelle il doit agir ; Cela n'avance pas ses Affaires.

Les mêmes Paroles ont souvent deux Sens, l'un qui dépend de la Bonne-foy & de l'Ingénuité des Hommes, l'autre de leur Art & Subtilité, par laquelle

quelle il est fort aisé de tourner la vraye
Signification d'un Mot, à des Explica-
tions volontaires.

Les grandes Négociations ne doivent
pas avoir un seul moment d'Intermis-
sion, il faut poursuivre ce qu'on entreprend avec une perpetuelle suite de desseins, en sorte qu'on ne cesse jamais
d'agir, que par Raison, & non par ré-
lâche d'Esprit, par Indifférence des choses, Vacillation de Pensées, & par résolution contraire.

Il ne faut pas aussi se dégoûter par un
mauvais Evénement, puis qu'il arrive
quelques-fois, que ce qui est entrepris
avec plus de raison, réüssit avec moins
de Bonheur.

Il est difficile de combattre souvent
& être toûjours Vainqueur, & c'est u-
ne marque d'une extraordinaire Béné-
diction quand les Succez sont favorables aux grandes choses, & seulement
contraires en celles dont l'Evénement
est peu important.

C'est beaucoup que les Négociations
soient si innocentes, qu'on en puisse
tirer de tres-grands Avantages, & qu'on
n'en puisse jamais recevoir de Mal.

Si quelqu'un dit qu'il en est souvent
de nuisibles, je consens qu'il me sestime
tout-à-fait mon jugement, s'il ne ré-
con-

connoît, au cas qu'il veüille ouvrir les
yeux, qu'au lieu de pouvoir imputer
les mauvais Succez qu'il a rémarqué au
Reméde que je propofe, ils ne dóivent
l'être qu'à ceux qui n'ont pas bien fçû
s'en fervir.

Quand même il ne produiroit autre
bien que de gagner tems en certaines occafions, ce qui arrive d'ordinaire, l'U-
fage en feroit tres-récommandable &
utile aux Etats, puis qu'il ne faut fouvent qu'un inftant pour éviter une tempête.

Encore que les Alliances, qui fe con-
tractent fouvent par divers Mariages
entre les Couronnes, ne produifent pas
toûjours le Fruit qu'on en peut défirer,
fi eft-ce qu'il ne les faut pas négliger, &
que c'eft fouvent une des plus importantes Matiéres des Négociations.

Toûjours on tire cet Avantage, qu'elles retiennent pour un tems les Etats en
quelque confidération de refpect les uns
envers les autres, & pour en faire état
il fuffit qu'ils en profitent quelques-fois.

Ainfi que pour avoir de bons Fruits,
il faut enter; les Princes de France,
qui tirent leur Naiffance de Parens d'é-
gale & de haute Qualité, doivent être
par Raifon élévez, & fans doute leur
fang fe conferve d'autant plus Illuftre,
qu'il

qu'il eſt moins mélé avec d'autre.

Au reſte les Alliances ſervent quelques-fois à éteindre les Ligues & les Liaiſons entre les Etats, & bien qu'elles ne produiſent pas toûjours ce bon Effet, l'Utilité qu'en reçoit la Maiſon d'Autriche, fait bien voir qu'elles ne ſont pas à négliger.

En Matiére d'Etat, il faut tirer Profit de toutes choſes, & ce qui peut étre Utile ne doit jamais étre mépriſé.

Les Ligues ſont de ce genre, le Fruit en eſt ſouvent tres-incertain, & cependant il ne faut pas laiſſer d'en faire Cas; bien eſt-ce vray, que je ne conſeillerai jamais à un Grand Prince, de s'embarquer volontairement, ſur le Fondement d'une Ligue, en un Deſſein de difficile Exécution, s'il ne ſe ſent aſſez Fort pour le faire réuſſir, quand méme ſes Collégues viendroient à lui manquer.

Deux Raiſons me font avancer cette Propoſition.

La Premiére tire ſon Origine & ſa Force de la Foibleſſe des Unions, qui ne ſont jamais trop aſſeurées entre diverſes têtes Souveraines.

La Seconde conſiſte en ce que les Petits Princes ſont ſouvent auſſi Soigneux & Diligens, à engager les Grands Rois

en

en des entreprifes d'Importance, qu'ils
font Parefleux à les y feconder, bien
qu'ils y foient étroitement obligez, &
qu'il s'en trouve même qui fe tirent
quelques-fois du Pair, aux dépens de
ceux qu'ils ont embarquez prefque contre leur gré.

Bien que ce foit un dire commun,
que quiconque a la Force, a d'ordinaire
la Raifon, il eft vray toutes-fois, que
deux Puiffances inégales jointes par un
Traité, la plus grande court rifque d'ê-
tre plus abandonnée que l'autre ; la
Raifon en eft évidente ; La Réputation
eft fi importante à un Grand Prince,
qu'on ne fçauroit lui propofer aucun A-
vantage, qui puiffe compenfer la Perte
qu'il feroit, s'il manquoit aux Engage-
mens de fa Parole, & de fa foi : Et l'on
peut faire un fi bon Parti à celui dont la
Puiffance eft médiocre, quoi que fa
Qualité foit Souveraine, que probable-
ment il préferera fon Utilité à fon Honneur, ce qui le fera manquer à fon O-
bligation envers celui qui prévoyant fon
Infidélité, ne fçauroit même fe réfou-
dre à la prévénir ; parce qu'être abandonné de fes Alliez, ne lui eft pas de fi
grande conféquence, que le Préjudice
qu'il recevroit, s'il violoit la foi.

Les Rois doivent bien prendre garde
aux

aux Traitez qu'ils font; mais quand ils
font faits, ils doivent les obferver avec
Réligion.

Je fçais bien que beaucoup de Politiques enfeignent le contraire; mais fans
confidérer en ce Lieu, ce que la Foi
Chrétienne nous peut fournir contre
ces Maximes; Je foûtiens que puis que
la Perte de l'Honneur eft plus que celle
de perdre la Vie, un Grand Prince doit
plûtôt hazarder fa Perfonne, & même
l'Intérêt de fon Etat, que de manquer
à fa Parole, qu'il ne péut violer fans
perdre fa Réputation, & par conféquent la plus grande Force des Souverains.

L'Importance de ce Lieu me fait remarquer, qu'il eft tout-à-fait néceffaire
d'être Exact aux Choix des Ambaffadeurs, & autres Négociateurs; & qu'on
ne fçauroit être trop Sévére à punir
ceux qui outrepaffent leur Pouvoir; puis
que par telles Fautes, ils mettent en
Compromis la Réputation des Princes, & le bien des Etats tout enfemble.

La Facilité, ou la Corruption de certains Efprits, eft, quelques fois fi grande, & la Démangeaifon qu'ont quelques autres, qui ne font ni Foibles ni
Méchans, de faire quelque chofe, eft
fouvent fi extraordinaire, que s'ils ne
font

font reténus dans les Bornes qui leur
font prescrites, par la Crainte de leur
Perte absoluë, il s'en trouvera toûjours,
qui se laisseront plûtôt aller à faire de
mauvais Traitez, que de n'en faire point.

J'ai fait tant d'expérience de cette vérité, qu'elle me contraint de finir ce
Chapitre en disant, que quiconque
manquera à être Rigoureux en telles occasions, manquera à ce qui est nécessaire à la Subsistance des Etats.

CHAPITRE VII.

Un des plus grands Avantages, qu'on
puisse procurer à un Etat, est de desti-
ner un châcun à l'Employ qui lui est
propre.

IL arrive tant de Maux aux Etats, par
l'Incapacité de ceux qui sont employez aux Principales Charges, & aux
Commissions les plus Importantes, que
le Prince, & ceux qui ont part à l'Administration de ses Affaires, ne sçauroient avoir trop de soin, à ce que châcun soit feulement destiné aux Fonctions ausquelles il est Propre.

Les Esprits les plus Clairs-voyans,
étans même quelques-fois Aveugles en
ce qui les touche, & se trouvant peu
d'Hom-

d'Hommes qui veüillent s'impofer des Bornes, par les Régles de la Raifon; Ceux qui fe trouvent en credit auprés des Princes croyent, toûjours être Dignes de toute forte d'Emplois, & fur ce faux Fondement ils n'oublient rien de ce qu'ils peuvent pour les obtenir.

Cependant il eft vrai que tel qui eft capable de fervir le Public en certaines Fonctions fera capable de le ruïner en d'autres.

J'ai veu arriver de fi étranges Inconvéniens par les mauvais choix qui ont été faits de mon tems, que je ne puis que je ne m'écrie fur ce fujet pour en éviter de femblables à l'avenir.

Si les Medecins ne fouffrent pas que l'on faffe une nouvelle épreuve fur des perfonnes de confidération, il eft aifé de concevoir combien, il eft dangereux de mettre aux principales Charges de l'Etat des Perfonnes fans Expérience, donnant lieu par ce moyen à des Apprentifs de faire des coups d'Effai en des occafions où ceux des Maîtres & les Chefs d'œuvres font néceffaires.

Rien n'eft plus capable de Ruïner un Etat qu'un tel Procédé, vraye fource de toute forte de Defordres.

Un Ambaffadeur mal choifi pour faire un grand Traitté, peut par fon ignognorance porter un notable préjudice.

Un Général d'Armée incapable d'un tel emploi, est capable de hazarder mal à propos toute la Fortune de son Maître & le Bonheur de son Etat.

Un Gouverneur d'une place importante destitué des Conditions nécessaires à sa Garde, peut en un instant tellement avancer la Ruïne de tout un Royaume, qu'à peine un Siécle pourra-t il reparer les Fautes.

J'ose dire au contraire, que si tous ceux qui sont dans les Emplois Publics en étoient dignes, les Etats seroient non seulement exempts de beaucoup d'Accidens qui troublent souvent leur repos, mais joüiroient d'une félicité indicible.

Je sçai bien qu'il est trés difficile de rencontrer des sujets qui ayent toutes les qualitez requises aux Charges qu'on leur destine ; Mais au moins faut il qu'ils soient pourveus des principales, & lors qu'on ne peut en trouver d'accomplis, ce n'est pas une petite satisfaction de choisir les meilleurs qui se trouvent en un Siécle stérile.

Si le Masque dont la plûpart des hommes se couvrent le Visage, & si les Artifices dont ils se servent d'ordinaire pour se déguiser & cacher leurs Défauts, les font méconnoître jusqu'à tel point,

qu'équ'étant établis dans de grandes Charges, ils paroiſſent auſſi Malicieux qu'on les eſtimoit pleins de Vertu quand on les a choiſis; Il faut promptement reparer la mépriſe, & ſi l'Indulgence peut faire tolérer quelque légére Incapacité, elle ne doit jamais faire ſouffrir la Malice trop préjudiciable aux Etats pour être tolérée en conſidération des Intérêts Particuliers.

C'eſt en cet endroit qu'il faut Repréſenter librement aux Rois juſqu'à quel points ils ſont Reſponſables devant Dieu quand ils donnent par pure Faveur les grands Emplois & les Charges qui ne peuvent être poſſédées par les Eſprits médiocres, qu'au préjudice des Etats.

C'eſt en cette occaſion qu'il faut faire connoître qu'en ne condamnant pas tout à fait les affections particuliéres qui n'ont autre fondement qu'une inclination naturelle, qu'on a plûtôt pour une perſonne que pour une autre; On ne peut excuſer les Princes qui ſe laiſſent aller juſqu'à tel point que de donner à ceux qu'ils aiment de la ſorte des Charges en l'Exercice deſquelles ils paroiſſent être auſſi Préjudiciables à l'Etat, qu'Utiles à Eux-mêmes.

Ceux qui ſont ſi heureux d'avoir les bonnes graces des Princes par la force de leur Inclination, doivent aussi l'être jusqu'à ce point que d'en recevoir des Avantages, quand même ils n'auroient pas les qualitez qui peuvent bien les en rendre dignes; & le public ne peut s'en plaindre avec Raison, si ce n'est qu'ils soient immodérez.

Mais c'est un sinistre augure pour un Prince, lors que celui qui est le plus considérable pour son Intérêt, n'est pas le plus considéré par la faveur, & les E-tats ne sont jamais en plus mauvais état que lors que les Inclinations que le Prin-ce a pour quelques Particuliers préva-lent aux Services de ceux qui sont plus utiles au Public.

En tel cas, ni l'estime du Souverain, ni l'amour qu'on lui porte, ni l'espé-rance de la Récompense n'excitent plus à la Vertu, on demeure au contraire en une indifférence du bien & du mal, & l'Envie, & la jalousie, ou le dépit por-tent un chacun à négliger son devoir, parce qu'il n'y a personne qui estime qu'en le faisant, il luy en revienne d'A-vantage.

Un Prince, qui veut être aimé de ses Sujets, doit remplir les Principales Charges, & les premières Dignitez de son Etat, de personnes si estimées de tout le Monde, qu'on puisse trou-

C   ver

ver la caufe de fon Choix dans le Mérite.

Tels Gens doivent être recherchez dans toute l'Etenduë d'un état, & non reçûs par importunitez, ou choifis dans la Foule de ceux qui font le plus de preffe à la Porte du Cabinet des Rois, ou de leurs Favoris.

Si la faveur n'a point de lieu aux Elections, & que le Mérite en foit le feul Fondement, outre que l'Etat fe trouvera bien fervi, les Princes éviteront beaucoup d'Ingratitudes, qui fe trouvent fouvent en certains Efprits qui font d'autant moins Réconnoiffans des bienfaits qu'ils reçoivent, qu'ils les méritent moins: Etant certain, que les mêmes Qualitez, qui rendent les hommes Dignes du bien-fait, font celles qui les rendent Capables & Defireux de le reconnoître.

Plufieurs ont de bons Sentimens à l'inftant qu'on les oblige, mais la Conftitution de leur Nature les emporte peu de tems après, & ils oublient aifément ce qu'ils doivent à autrui, parce qu'ils ne s'attachent qu'à eux-mêmes; & comme le feu convertit tout en fa fubftance, ils ne confidérent les Intérêts Publics, que pour les convertir à leur Avantage, & méprifent également ceux qui leur font du bien, & les Etats dans lesquels ils en reçoivent.

La Faveur peut innocemment avoir lieu en certaines choses ; Mais un Royaume est en mauvais état, lors que le Trône de cette Fausse Déesse est élevé au dessus de la Raison.

Le Mérite doit toûjours emporter la balance, & lors que la Justice est d'un côté, la Faveur ne peut prévaloir sans Injustice.

Les Favoris font d'autant plus dangereux, que ceux qui font élevez par la Fortune se servent rarement de la Raison, & comme elle n'est pas Favorable à leurs Desseins, elle se trouve d'ordinaire tout-à-fait Impuissante à arrêter le Cours de ceux qu'ils font au Préjudice de l'Etat.

A dire vray, je ne vois rien qui soit si capable de ruiner le plus Florissant Royaume du Monde, que l'Appétit de telles Gens, ou le Dereglement d'une Femme, quand un Prince en est possedé.

J'avouë d'autant plus hardiment cette Proposition, qu'à ce genre de Maux il n'y a point de Remédes, que ceux qui dépendent du Hazard & du Tems, qui laissant souvent périr les Malades, sans leur donner aucun Secours, doivent
vent

vent être censez les plus mauvais Medecins du Monde.

Ainsi que la plus éclatante Lumiére,
ne fait pas qu'un Aveugle entr'apperçoi-
ve seulement son Chemin, aussi n'y a-
t-il aucun Raïon qui puisse dessiller les
Yeux d'un Prince, qui les a couverts de
Faveur & de Passion.

Quiconque a les Yeux bandez ne sçauroit faire de bon Choix que par hazard,
& partant le Salut de l'État requerant
qu'on les fasse toûjours tels par Raison,
il requiert aussi que les Princes ne soient
possédez par des Personnes qui les privent de Lumiére, dont ils ont besoin
pour voir les Objets qu'on leur met devant les Yeux.

Lors que le Cœur des Princes est pris
par telle voye, il est presque inutile de
bien faire, parce que les Artifices de
ceux qui sont Maîtres de leurs Affections noircissent les plus pures Actions,
& font souvent passer les Services les
plus signalez pour des Offenses.

Plusieurs Princes se sont perdus, pour
avoir préferé leur Affection particuliére
aux Intérêts Publics.

Tels Malheurs sont arrivez à quelques-uns, par l'Excez des Passions dé-
réglées qu'ils ont eu pour les Femmes.

Quelques-uns sont tombez en pareils
C 3   In-

Inconvéniens, par une si Simple & si Aveugle Passion, qu'ils ont euë pour leurs Favoris, que pour élever leur Fortune, ils ont ruiné la leur propre.

Il y en a eu d'autres, qui n'aimant rien naturellement, n'ont pas laissé d'avoir des Mouvemens si violens, en faveur de certains Particuliers, qu'ils ont été cause de leur Perte.

On s'étonnera peut-être, de cette Proposition, qui est cependant aussi véritable, qu'elle est aisée à concevoir; & si l'on considére, que tels Mouvemens sont Maladies aux Esprits qui en sont agitez, & qu'ainsi que la cause des Fiévres est la Corruption des Humeurs, aussi peut-on dire, que ces sortes d'Affections violentes, sont plûtôt fondées sur le Défaut de celui en qui elles se trouvent, que sur le Mérite de ceux qui en reçoivent l'Effet, & l'Avantage.

Tels Maux portent d'ordinaire leur Reméde avec eux, en ce qu'étant violens, ils sont de peu de durée; Mais lors qu'ils continuent, ils apportent souvent ainsi que les Fiévres de cette nature, la Mort aux Malades, ou un Défaut de Santé, qui se repare en suite dificilement.

Les plus Sages Princes ont évité tous ces divers genres de Maux, en réglant telle-

tellement leurs Affections, que la seule Raison en fût la Guide.

Beaucoup s'en sont guéris, aprez avoir connu à leurs dépens, que s'ils ne l'eussent fait, leur Ruïne étoit inévitable.

Pour revenir précisément au Point de la Question proposée en ce Chapitre, qui a pour but de faire connoître, combien il est Important de faire discerner ceux qui sont les plus propres aux Emplois; Je le finirai, en disant, que puis que l'Intérêt des Hommes, est ce qui d'ordinaire les fait malverser aux Charges qui leur sont commises: Les Ecclésiastiques sont souvent préférables à beaucoup d'autres, lors qu'il est question des grands Emplois, non pour être moins sujets à leurs Intérêts, mais parce qu'ils en ont beaucoup moins que les autres Hommes, puis que n'ayant ni Femmes ni Enfans, ils sont Libres des liens qui attachent davantage.

CHA-

CHAPITRE VIII.

Du Mal que les Flateurs, Médisans, & Faiseurs d'Intrigues causent d'ordinaire aux Etats, & combien il est Important de les éloigner d'auprez des Rois, & les bannir de leur Cour.

IL n'y a point de Peste, si capable de ruiner un Etat, que les Flateurs, Médisans, & certains Esprits, qui n'ont autre Dessein que de former des Cabales & des Intrigues dans les Cours.

Ils sont si Industrieux à répandre leur Vénin, par diverses façons imperceptibles, qu'il est difficile de s'en garentir, si on n'y prend garde de bien prez.

Comme ils ne sont, ni de Condition, ni de Mérite, pour avoir part aux Affaires, ni assez bons, pour en prendre aux Intérêts Publics, ils ne se soucient pas de les troubler; mais pensant beaucoup gagner dans la confusion, ils n'oublient rien de ce qu'ils peuvent, pour renverser par leurs Flateries, par leurs Artifices, & par leurs Médisances, l'Ordre & la Régle qui les privent d'autant plus absolument de toute Espérance de Fortune, qu'en un Etat bien Discipliné on n'en peut bâtir, que sur le Fon-

Fondement du Mérite, dont ils font deſtituez.

Outre que c'eſt une choſe ordinaire, que quiconque n'eſt point d'une Affaire, tâche à la ruiner, il n'y a point de Maux que telles Gens ne puiſſent faire ; & partant il n'y a point de Précautions que les Princes ne doivent prendre contre la Malice, qui ſe voile en tant de façons, qu'il eſt ſouvent difficile de s'en garentir.

Il s'en trouve, qui deſtituez de Cœur & d'Eſprit, ne laiſſent pas d'en avoir aſſez pour feindre une auſſi grande Fermeté, qu'une Profonde & Sévéré ſageſſe, & ſe faire valoir, en trouvant à redire à toutes les Actions d'autruy, lors même qu'elles ſont les plus loüables, & qu'il eſt impoſſible d'en faire de meilleures, au ſujet dont il s'agit.

Il n'y a rien de ſi aiſé, que de trouver des Raiſons apparentes, pour condamner ce qui ne ſe peut faire mieux, & ce qui a été entrepris avec de ſi ſolides Fondemens, qu'on n'eût pû ne le pas faire, ſans commettre une notable Faute.

D'autres n'ayant ni Bouche ni Eperon, improuvent par leurs Geſtes, par leur branlement de Tête, & par une Grimace ſérieuſe, ce qu'ils n'oſeroient condamner de Paroles, & qui ne peut être blâmé par Raiſon.   C 5   Pour

Pour ne point flater , lors qu'il s'agit de telles Gens , ce n'est point assez au Prince de leur interdire son Oreille ; mais il faut les bannir du Cabinet & de la Cour tout ensemble ; parce qu'outre que leur Facilité est quelques fois si grande, qu'entre leur parler & leur persuader il n'y a point de différence , lors même qu'ils ne peuvent être persuadez, il ne laisse pas de leur demeurer quelque impression , qui fait son effet une autre fois , s'ils sont rebattus de même Artifice : Et en effet , le peu d'application qu'ils ont aux Affaires , les porte souvent à juger le Procez , plûtôt par le Nombre des Témoins, que par le Poids des Accusations.

A peine pourrois-je raporter tous les Maux , dont ces mauvais Esprits ont été Auteurs , pendant le Régne de V. M. Mais j'en ai un si vif ressentiment, pour l'Intérêt de l'État , qu'il me contraint de dire , qu'il faut être Impitoyable envers telles Gens, pour prévenir pareils Mouvemens à ceux qui sont arrivez de mon tems.

Pour Ferme & Constant que soit un Prince, il ne peut, sans grande Imprudence , & sans s'exposer à sa perte, conserver auprez de lui de mauvais Esprits, qui peuvent le surprendre à l'imprevû,

ainsi

ainſi que pendant la Contagion une Vapeur maligne ſaiſit en un inſtant le Cœur & le Cerveau des Hommes les plus forts & Robuſtes, lors qu'ils penſent être les plus Sains.

Il faut chaſſer ces Peſtes Publiques, & ne les raprocher jamais, s'ils n'ont entiérement dépoſé leur Venin, ce qui arrive ſi peu ſouvent, que le ſoin qu'on doit avoir du Repos, oblige plûtôt à la la continuation de leur Eloignement, que la Charité ne convie à leur Rapel.

Je mets hardiment cette Propoſition en avant, parce que je n'ai jamais vû aucuns Eſprits Amateurs de Factions, & nourris aux Intrigues de la Cour, perdre leurs mauvaiſes Habitudes & changer de Nature, que par Impuiſſance; qui même à parler proprement ne les change pas, puis que la Volonté de malfaire leur demeure, lors qu'ils n'en ont plus le Pouvoir.

Je ſçais bien, que quelques-uns de ces mauvais Eſprits peuvent ſincérement ſe convertir; mais l'Expérience m'apprenant, que pour un qui demeure dans un vray répentir, il y en a vint qui retournent à leur vomiſſement; je décide hardiment qu'il vaut mieux uſer de rigueur envers un Particulier digne de Grace, que d'expoſer l'Etat à quelque

C 6 que

qué Préjudice pour être trop Indulgent,
ou à ceux qui gardant leur Malice dans
le Cœur , ne reconnoiſſent leur faute
que par dés Lettres , ou à ceux dont la
légéreté doit faire craindre de nouvelles Réchûtes , pires qué leurs premiers
Maux.

Que les Anges ne faſſent jamais Mal,
ce n'eſt pas merveille , puis qu'ils ſont
confirmez en Grace ; Mais que des Eſprits obſtinez en ce genre de Malice
faſſent bien , quand ils peuvent faire
Mal, c'eſt une eſpéce de Miracle, dont
la main Puiſſante de D I E U eſt la vraye
Source ; & il eſt certain , qu'un Homme de grande Probité aura beaucoup
plus de peine à ſubſiſter dans un Siécle
corrompu par telles Gens , que celui duquel ils ne craindront pas la Vertu , pour
n'être pas d'une réputation ſi entiére.

On eſtime quelques-fois, qu'il eſt de
la Bonté des Rois de tolérer les choſes
qui ſemblent de peu d'importance en
leur commencement ; & moy je dis,
qu'ils ne ſçauroient être trop Soigneux
de découvrir & d'étouffer les moindres
Intrigues de leurs Cabinets, & de leurs
Cours, en leurs naiſſances:

Les grands Embraſemens naiſſant de
petites Étincelles ; quiconque en éteint
une, ne ſçait pas l'Incendie qu'il a pré-
ve-

venu ; mais pour le connoître, s'il
en laisse quelqu'une sans l'éteindre,
encore que semblables Causes ne produisent pas toûjours même effet, il se
trouvera peut-être en telle Extrémité, qu'il ne sçaura plus y apporter Reméde.

En telles occasions ce n'est pas assez
d'éloigner les Grands à cause de leur
Puissance, il faut faire de même des Petits à cause de leur Malice : Tous sont
également dangereux, & s'il y a quelque différence, les Gens de peu, comme plus cachez, sont plus à craindre
que les autres.

Ainsi que le mauvais Air, dont j'ai
déja parlé, enfermé dans un Coffre, in-
fecte souvent une Maison de la Contagion, laquelle se met en suite dans toute une Ville, ainsi les Intrigues des Cabinets, remplissent souvent la Cour
des Princes de Partialitez, qui troublent
enfin le Corps de l'Etat.

Pouvant dire avec Vérité, que je n'ai
jamais vû de Troubles en ce Royaume,
qui ayent eu d'autre commencement,
je répons encore une fois, qu'il est plus
important qu'il ne semble, d'étouffer
non seulement les premiéres étincelles
de telles Divisions, lors qu'elles paroîs-
sent ; mais encore de les prévenir, par
l'éloi-

l'éloignement, de ceux qui n'ont autre
foin que de les allumer.

Le Repos de l'Etat eft une chofe trop
importante, pour pouvoir manquer à
ce Reméde, fans en être refponfable
devant D I E U.

J'ai quelques-fois vû la Cour au milieu de la Paix, fi pleine de Factions,
faute de pratiquer ce falutaire Confeil,
que peu s'en eft fallu, qu'elles n'ayent
renverfé l'Etat.

Cette Connoiffance, & celle que
l'Hiftoire a pû donner à V. M. de fem-
blable Péril, auquel plufieurs, & particuliérement les derniers de vos Préde-
ceffeurs, fe font trouvez expofez pour
même Caufe, l'ayant contraint de recourir au Reméde, j'ai vû la France fi
paifible en elle-même, pendant qu'elle
avoit la Guerre au dehors, qu'à voir le
Répos dont elle joüiffoit, il ne fembloit
pas qu'elle eût les plus grandes Puiffances fur les Bras.

Peut-être dira-t-on que les Factions
& les Troubles, dont je viens de parler, font plûtôt arrivées par l'Invention
des Femmes, que par la Malice des Flateurs.

Mais tant s'en faut, que cette Inftan-
ce faffe rien contre ce que j'ai mis en
avant, qu'au contraire elle le confirme
puif-

puiſſamment , puis qu'en parlant des
Flateurs , & d'autres Eſprits ſemblables,
je ne prétens pas exclure les Femmes,
ſouvent plus dangereuſes que les Hommes , & au Sexe deſquelles ſont atta-
chez divers genres d'Attraits , plus
Puiſſans pour pouvoir troubler & ren-
verſer les Cabinets , les Cours & les
Etats , que la plus ſubtile & induſtrieuſe
Malice de quelques autres Eſprits que
ce puiſſe être.

Il eſt vrai , que pendant que les Rei-
nes Catherine & Marie de Medicis , ont
eu part au Gouvernement des Etats , &
qu'à leur Ombre diverſes Femmes ſe
mêloient des Affaires , il s'en eſt trouvé
de Puiſſantes en Eſprit & en Attraits,
qui ont fait des Maux indicibles , leurs
Charges leur ayant acquis les plus Qua-
lifiez du Royaume , & les plus Malheureux; Elles en ont tiré cet Avantage à leurs Fins, qu'étant ſervies d'eux
ſelon leurs Paſſions , ils ont ſouvent
deſſervi ceux qui ne leur étoient point
Agréables , parce qu'ils étoient Utiles
à l'Etat.

Je pourrois m'étendre ſur ce Sujet,
mais divers Reſpects retiennent ma Plu-
me, qui pour n'être pas capable de Fla-
terie, lors qu'elle la condamne ouvertement, ne peut s'exempter de remarquer,

quer, que les Favoris, dont j'ai parlé au Chapitre précedent, tiennent souvent lieu de ceux dont je viens d'examiner la Malice.

En suite de ces Véritez, il ne me reste rien à dire, sinon qu'il est impossible de garentir les Etats des Maux, dont ces divers genres d'Esprits peuvent être cause, qu'en les éloignant de la Cour; ce qui est d'autant plus nécessaire, qu'on ne sçauroit garder un Serpent dans son Sein, sans s'exposer au hazard d'en être piqué.

CHAPITRE IX.
De la Puissance du Prince.

SECTION I.

Le Prince doit être Puissant, pour être consideré de ses sujets & des Etrangers.

LA Puissance étant une des Choses les plus nécessaires à la Grandeur des Rois, & au Bonheur de leur Gouvernement; ceux qui ont la principale Conduite d'un Etat sont particuliérement obligez de ne rien obmettre, qui puisse contribuer à rendre leur Maître

fi Authorifé, qu'il foit par ce moyen
confideré de tout le Monde.

Comme la Bonté eft l'objet de l'A-
mour, la Puiffance eft la Caufe de la
Crainte, & il eft certain qu'entre tous
les Principes capables d'émouvoir un
Etat, la Crainte, qui eft fondée en
l'Eftime & en la Réverence, a cette
Force, qu'elle intereffe davantage châcun à faire fon Dévoir.

Si ce Principe eft de grande Efficace
au refpect du dedans des Etats, il ne l'eft
pas moins au regard du dehors, les fujets & les Etrangers, regardant avec mémes yeux une Puiffance Rédoutable,
les uns & les autres s'abftiennent d'of-
fenfer un Prince, qu'ils reconnoiffent
être en état de leur faire du Mal, s'il en
a la Volonté.

J'ai remarqué en paffant, que le Fondement de la Puiffance dont je parle,
doit étre l'Eftime & le Refpect ; j'ajoûte, que c'eft maintenant chofe fi néceffaire, que fi elle tire fon Origine d'autres Principes, elle eft tres dangereufe,
en ce qu'au lieu d'étre caufe d'une
Crainte Raifonnable, elle porte à haïr
les Princes, qui ne font jamais en plus
mauvais état, que lors qu'elle tombe
en une Averfion Publique.

La Puiffance qui fait confidérer &
crain-

craindre les Princes avec Amour, a plusieurs espéces differentes ; c'est un Arbre qui a cinq diverses Branches, qui tirent toutes leur nourriture & substance d'une méme Racine.

Le Prince doit étre Puissant par sa Réputation.

Par un raisonnable nombre de Gens de Guerre, continuellement entretenus.

Et par une notable somme de derniers dans ses Coffres, pour subvenir aux occasions imprévûës, qui surviennent souvent lors qu'on y pense le moins.

Enfin, par la Possession du Cœur de ses sujets, comme nous le pouvons clairement voir.

Section II.

Le Prince doit être Puissant par sa Réputation ; & ce qui lui est nécessaire à cette Fin.

L A Réputation est d'autant plus nécessaire aux Princes, que celui du quel on a bonne Opinion, fait plus avec son seul Nom, que ceux qui ne sont pas estimez, avec des Armées.

Ils sont obligez d'en faire plus d'état, que de leur propre Vie ; & ils doivent
plûtôt

plûtôt hazarder leur Fortune & leur
Grandeur, que de fouffrir qu'on y faffe
aucune Brêche, étant certain que le premier Affoibliffement qui arrive à la Re-
putation d'un Prince eft, pour léger
qu'il foit, le Pas de plus dangereufe conféquence à fa Ruine.

Je dis hardiment en cette confidera-
tion, que les Princes ne doivent jamais
eftimer qu'aucun Profit leur foit Avantageux, s'il intereffe tant foit peu leur
Honneur, & ils font, ou Aveugles,
ou Infenfibles à leurs vrays Intérêts,
s'ils en reçoivent de cette nature.

En effet, l'Hiftoire nous apprend,
qu'en tout Tems & en tous Etats, les
Princes de grande Réputation font toûjours plus Heureux que ceux, qui leur
cédant en cette Qualité, les ont furpaf-
fez en Force, en Richeffes, & en toute
autre Puiffance.

Comme ils n'en fçauroient être trop
Jaloux, leurs Confeillers ne peuvent
avoir trop de foin, de faire valoir les
bonnes Qualitez qui font en leurs Perfonnes.

Ceux qui formeront leur Conduite,
fur les Régles & Principes contenus en
ce préfent Teftament, acquereront fans
doute, un Nom qui n'aura pas peu de
poids dans l'Efprit de leurs fujets, & de
leurs

leurs Voifins, particuliérement fi étant
Religieux envers Dieu, ils le font encore davantage envers Eux-mêmes.

C'eft à dire, Véritables en leurs Paroles, & Fidéles en leurs Promeffes;
Conditions fi abfolument néceffaires à
la Réputation d'un Prince, qu'ainfi que
celuy qui en eft deftitué ne fçauroit être
eftimé de Perfonne; auffi eft-il impoffible, que celui qui les poffede ne foit
révéré de tout le Monde, & qu'on n'ait
grande confiance en luy.

Je pourrois raporter beaucoup d'E-
xemples de cette Vérité; mais ne pré-
tendant pas que cet Ouvrage foit un lieu
commun, & aifé à faire par toutes fortes d'Efprits, qui voudront extraire les
bons Livres; je me contente de ne rien
mettre en avant, qui ne foit fi Certain
& fi Clair, que toute Perfonne bien-fen-
fée en trouvera la Preuve en fon Raifonnement.

SECTION III.

*Le Prince doit être Puiffant par la Force
de fes Frontiéres.*

IL faudroit être privé de Sens commun, pour ne connoître pas, combien il eft important aux grands Etats,
d'avoir

d'avoir leurs Frontiéres bien Fortifiées.

C'eſt choſe d'autant plus néceſſaire en ce Royaume, que quand même la légéreté de Nôtre Nation la rendroit incapable de faire de grandes Conquêtes, ſa Valeur la rendroit Invincible à ſa défenſe, ſi elle a de grandes Places, ſi bien fortifiées, & ſi bien munies de toutes choſes, qu'elle puiſſe faire paroître ſon Courage, ſans être expoſée à ſouffrir de grandes Incommoditez, qui ſont les ſeuls Ennemis qu'elle a à vaincre.

Une Frontiére bien fortifiée eſt capable ou de faire perdre aux Ennemis l'envie, qu'ils pourroient avoir, de former des deſſeins contre un Etat, ou au moins d'arrêter leur cours & leur impétuoſité, s'ils ſont aſſez oſez, pour venir à force ouverte.

Les ſubtils Mouvemens de nôtre Nation ont beſoin d'être garentis de la Terreur, qu'elle pourroit recevoir, d'une Attaque imprévûë, ſi elle ne ſçavoit que l'Entrée du Royaume a des Remparts ſi forts, qu'il n'y a point d'Impétuoſité Etrangére aſſez Puiſſante, pour les emporter d'emblée, & qu'il eſt impoſſible de s'en rendre Maîtres, qu'avec beaucoup de Tems.

La nouvelle Méthode de quelques-uns des Ennemis de cet Etat, étant plûtôt

tôt de faire perir par l'amine les Places
qu'ils affiégent, que de les emporter de
vive force, & de ruiner plûtôt le Païs
qu'ils attaquent par grand nombre de
Cavalerie, que de s'y avancer de Pied,
avec les Corps d'Infanterie confidéra-
bles, comme on faifoit anciennement ;
Il eft clair que les Places Frontiéres ne
font pas feulement utiles à refifter à tels
Efforts, mais qu'elles font le Salut des
Etats, au dedans defquels il eft impoffible que les Ennemis faffent de grands
Progrez s'ils laiffent derriére eux des
Villes, qui coupent & la Communication de leur Païs, & les Convois tout
enfemble.

Cette confidération m'oblige à repréfenter, que ce n'eft pas affez de fortifier
les Places, & les munir feulement pour
le tems qu'elles puiffent refifter à une
Attaque de vive force, mais qu'il faut
qu'elles foient au moins fournies de toutes chofes néceffaires pour plus d'un
An, qui eft un tems fuffifant pour donner lieu de les fecourir commodément.

Je fçais bien qu'il eft prefque impoffible aux Grands Rois, de munir ainfi
beaucoup de Citadelles ; Mais ce n'eft
pas de même des grandes Villes, où la
Société des Hommes produit l'Amas de
beaucoup de chofes, dont un Gouver-

neur

neur particulier ne sçauroit faire une assez grande Provision, & il est aisé d'obliger les Habitans à se pourvoir de Vivres pour un An, qui suffiront toûjours pour six Mois, & plus, si on chasse les Bouches inutiles, comme la Raison le veut.

Tant s'en faut qu'on prétende qu'un tel Ordre puisse exemter les Souvérains d'avoir des Magazins Publics, qu'au contraire j'estime qu'ils n'en sçauroient trop avoir, & qu'aprez les avoir amassez, ils doivent établir de si bons Ordres pour les conserver, qu'il ne soit pas libre aux Gouverneurs, à qui par Raison la Disposition en appartient, de les dissiper mal-à-propos, ou par une pure Négligence, ou par le Désir, qu'ils pourroient avoir, de les convertir à leur Profit.

Je ne specifie point positivement le Nombre des Canons, * de la Poudre, des Boulets, & de toutes autres Munitions de Guerre qui doivent être en châcun Place, parce qu'il doit être différent, selon leur diverse grandeur. Mais bien

(†) Pour ne rien obmettre, je remarquerai encore en cet endroit, qu'il vaut mieux des Magazins de Salpestre, de Soulfre & de Charbon, que de Poudre toute faite; parce qu'elle se gâte aisément à la longue, & qu'un Accident de Feu est plus à craindre.

bien dirai-je, que les Munitions de Bouche ne sont pas plus néceffaires, que celles de Guerre, & qu'en vain une Place affiégée seroit bien fournie de Vivres, si elle manquoit de ce qui lui eft absolument néceffaire, & pour se défendre & pour offenser ses Ennemis, veu principalement que l'Expérience nous faisant connoître, que ceux qui tirent le plus, tuent d'ordinaire davantage, lors qu'une Place eft affiégée, on doit quasi plus épargner le Pain, que la Poudre.

Les Anciens ayant remarqué fort à propos, que la vraye Force des Places, gît en celle des Hommes, je ne puis que je ne dise en suite, que toutes les Fortifications sont inutiles, si le Gouverneur & les Officiers, qui commandent dans une Place, n'ont le Cœur aussi fort que ses Murailles & ses Remparts, & si le Nombre des Hommes n'eft proportionné à la Grandeur de la Place, & à la Quantité des postes qu'il faut défendre.

L'Expérience nous a fait voir en diverses occasions, que les moindres Bicoques se trouvent imprénables par la Fermeté du Courage de ceux qui les deffendent, & que les meilleures Citadelles ne sont pas de grande résistance,

quand

quand ceux qui font dedans n'ont pas le Cœur proportionné à leurs Forces.

Les Princes ne fçauroient en cette confidération avoir trop de foin de bien choifir ceux aufquels ils confient leurs Frontiéres , puis que le falut & le Repos de l'Etat dépendent principalement de leur Fidélité , de leur Vigilance , de leur Courage & de leur Expérience ; & que fouvent le défaut de l'une de ces Qualitez , coûte des Millions aux Etats , fi ce n'eft la Caufe abfoluë de leur Perte.

SECTION IV.
De la Puiffance qu'un Etat doit avoir par fes Forces de Terre.

Cette Section a pour l'Abondance de fa Matiére plufieurs Subdivifions, qui feront marquées par Renvois au bout des Pages.

L'ETAT le plus Puiffant du Monde, ne fçauroit fe vanter de joüir d'un Repos affûré, s'il n'eft en état de fe garentir en tout Tems d'une Invafion imprévûë, & d'une furprife inopinée.

Pour cet effet il eft néceffaire qu'un grand Royaume comme celui-cy , ait toûjours un Corps de Gens-d'Armes entrétenûs, suffisant pour prévenir les Desseins que la Haine & l'Envie pouroient former contre sa Prospérité & sa Grandeur, lors qu'on l'estime dans un Repos assûré, ou au moins, pour les étouffer dans leur Naissance.

Qui a la Force a souvent la Raison, en Matiére d'Etat; & celui qui est Foible peut difficilement s'exemter d'avoir tort au Jugement de la plus grande Partie du Monde.

Comme il arrive beaucoup d'Inconvéniens au Soldat, qui ne porte pas toûjours son Epée; le Royaume qui n'est pas toûjours sur ses gardes, & en état de se garentir d'une surprise inopinée, a beaucoup à craindre.

Les Intérêts Publics obligent ceux qui ont la Conduite des Etats, à les gouverner en sorte qu'ils puissent non seulement les garentir de tout le Mal qui se peut éviter, mais encore de l'Appréhension qu'ils en pourroient avoir.

* La Raison voulant, qu'il y ait une Proportion Geométrique, entre ce qui soûtient, & ce qui est soûtenu; il est cer-

(*) La Puissance des Princes est le seul moyen qui peut produire cet Effet; & partant il reste seulement de sçavoir quelles Forces doivent être entretenûës dans ce Royaume.

certain qu'il ne faut pas de Médiocres Forces, pour soûtenir un si grand Corps, que celui de ce Royaume.

Celles qui sont nécessaires à une Fin si importante, peuvent & doivent être de differente Nature, c'est à dire, qu'entre les Gens de Guerre, destinez pour la conservation de cet Etat, les uns doivent être enroôlez, pour être tous prêts toutes les fois qu'il en sera besoin, & les autres continuellement sur Pied, pour n'être jamais un moment, sans être en état d'une bonne Défense.

* Pour bien garnir les Villes Frontiéres, & tenir un Corps en état de s'opposer à tout Dessein inopiné, il faut au moins entretenir 4000. Chevaux, & 40000. Hommes d'Infanterie continuellement sur Pied, & l'on peut, sans charger l'Etat, tenir 10000. Gentilshommes, & 50000. Hommes de Pied, enroôlez, & prêts à être levez toutes les fois que l'occasion le requerra.

On dira, peut être, que la Défense de l'Etat ne requiert pas de si grands Préparatifs : Mais outre que tant s'en faut, que cet Etablissement soit à charge à la France, qu'au contraire la Noblesse & le Peuple en recevront de l'A-

D 2   van-

vantage ; Je dis , qu'il eſt néceſſaire, pour être capable de faire la Guerre, lors que le Bien de l'Etat le demandera.

† Au Jugement des mieux Senſez , la Guerre eſt quelques-fois un Mal inévitable ; & en d'autres rencontres , il eſt abſolument néceſſaire , & tel qu'on en peut tirer du Bien.

Les Etats en ont beſoin en certains Tems , pour purger leurs mauvaiſes Humeurs , pour recouvrer ce qui leur appartient, pour vanger une Injure, dont l'Impunité en attireroit une autre, pour garantir d'Oppreſſion leurs Alliez, pour arrêter le Cours de l'Orgueil d'un Conquerant , pour prévenir les Maux, dont on eſt apparemment ménacé , & dont on ne ſçauroit s'exemter par autre voye , ou enfin, pour divers autres Accidens.

Je ſoûtiens , & c'eſt choſe véritable , qu'il n'y en peut avoir d'Heureuſe , qui ne ſoit Juſte , parce que ſi elle ne l'étoit pas , quand l'Evenement en ſeroit bon, ſelon le Monde , il en faudroit rendre Compte au Tribunal de Dieu.

En cette conſideration , la premiére choſe qu'il faut faire , lors qu'on eſt contraint de venir aux Armes , eſt de bien examiner l'Equité qui les met en main,

cc

_____

(†) La Guerre eſt quelques-fois néceſſaire.

ce qui doit être fait par des Docteurs de Capacité & de Probité requise.

Ce Fondement présupposé, on ne doit penser qu'aux moyens de bien faire la Guerre, entre lesquels, prendre bien son tems, n'est pas un des moindres.

Il y a cette différence entre celui qui se vange par Colére, ou par Raison, que le premier fait du Mal au hazard d'en recevoir, aimant mieux souffrir du Préjudice, que de perdre l'occasion d'en faire à son Ennemi, & le dernier dissimule ses sentimens, jusqu'à ce qu'il ait lieu de faire porter à celui qui lui a fait du mal la peine de sa Faute, sans qu'il puisse avoir part à ses souffrances.

Le premier agit en Bête, suivant les Mouvemens de la Nature; & le dernier se conduit en Homme, se laissant conduire à la Raison.

Pour bien faire la Guerre, ce n'est pas assez, que d'en bien choisir l'occasion, que d'avoir bon nombre de Gens de Guerre, abondance d'Argent, de Vivres, & de Munitions de Guerre, le Principal est que les hommes soient propres à ce à quoy ils sont destinez, qu'on sçache les contenir en Discipline, les faire vivre avec Régle, & qu'on dispense, son Argent, les Vivres, & ses Munitions à propos.

Il est aisé de donner ces Préceptes géné-
raux, mais la Pratique en est difficile, & cependant si elle est négligée, le
succez d'une Guerre ne sçauroit être
Heureux, que par Hazard, ou par Miracle, à quoi les Gens sages ne doivent
jamais s'attendre.

Il n'y a pas de Nation au Monde, si
peu propre à la Guerre, que la Nôtre;
la Légéreté & l'Impatience qu'elle a
dans les moindres Travaux, sont deux
Principes qui ne se vérifient que trop.

Bien que Cæsar ait dit, que les François sçavent deux choses, l'Art Militaire, & celui de bien parler, j'avouë
que je n'ai pû comprendre jusqu'à pre-
sent, sur quel Fondement il leur attri-
buë la premiére de ces Qualitez, veu
que la Patience dans les Travaux, &
dans les Peines, qualité néceffaire à la
Guerre, ne se trouve en eux que tres-
rarement.

Si cette Condition accompagnoit
leur Vaillance, l'Univers ne seroit pas
affez grand pour borner leurs Conquêtes; mais comme le grand Cœur, que
DIEU leur a donné, les rend propres à
vaincre tout ce qui s'oppose à eux par la
Force, leur Légéreté, & leur Pareffe,
les rendent Incapables de furmonter les
moindres Obstacles, que les Delais

d'un

d'un Ennemi Rufé oppofé à leur Ardeur.

De là vient qu'ils ne font pas propres aux Conquêtes qui requierent du Tems, ni à conferver celles qu'ils pourroient avoir faites en un inftant.

Ils ne font pas feulement Légers, impatiens, & peu accoûtumez à la Fatigue, mais outre cela on les accufe de n'être jamais Contens du Tems préfent, & d'être peu affectionnez à leur Patrie ; & cette Accufation a tant de Fondement, qu'on ne fçauroit nier qu'il s'en trouve plus qui manquent à ce à quoi ils font obligez par leur Naiffance, que de toutes les autres Nations du Monde.

Il s'en trouve peu qui portent les Armes contre la France, où il ne fe trouve des François, & quand ils font Armez pour leur Païs, fes Intérêts leur font fi indifférens, qu'ils ne font aucun effort pour furmonter leurs Défauts naturels à fon Avantage.

Ils courent des cent lieuës chercher une Bataille, & n'en voudroient pas attendre l'occafion huit jours, l'Ennemi les a fatigués, devant méme qu'on ait commencé de mettre la main à l'Oeuvre.

Ils ne craignent pas le Péril, mais
ils

ils veulent s'y expofer fans aucune peine ; les moindres Délais leur font In-
fuportables , ils n'ont pas de Flegme
pour attendre un feul moment leur Bonheur , & ils s'ennuient même dans la
continuation de leurs Profpéritez.

Au commencement de leur Entré-
prife , leur Ardeur n'eft point ordinaire , & en effet ils font plus qu'Hommes
en cet inftant , mais peu de tems aprez
ils fe ralentiffent , en forte qu'ils devien-
nent égaux à ceux qui n'ont qu'une
Vertu commune , & à la longue ils fe
dégoûtent & s'amoliffent , jufqu'à tel
point qu'ils font moins qu'Hommes.

Il leur refte bien toûjours du Cœur
pour fe battre , pourvû qu'on veüille les
mettre aux mains à l'heure même ; mais
il ne leur en demeure point pour attendre l'occafion ; bien que leur Honneur,
la Réputation de leur Nation , & le fer-
vice de leur Maître les y obligent.

Ils ne fçavent ni tirer fruit d'une Vi-
ctoire , ni réfifter à la Fortune d'un Ennemi Victorieux ; ils s'aveuglent plus
que tous autres dans leurs Profpéritez,
& cependant point de Cœur ni de Jugement dans les Adverfitez & dans les
Travaux.

Enfin ils font fujets à tant de Défauts,
que ce n'eft pas fans Raifon , que quelques

ques Esprits Iudicieux, s'étonnent comment cette Monarchie a pû se conserver depuis le tems de sa Naissance, veu que si elle a toûjours trouvé des Enfans Fidéles à sa Défense, elle n'a jamais été attaquée, que ses Ennemis n'ayent rencontré dans son Sein des Sectateurs, qui comme Vipéres, n'ont rien oublié de ce qu'ils ont pû, pour ronger les Entrailles de leur Mere.

Ie sçais bien qu'en contre change de ces Imperfections, les François ont de bonnes Qualitez; Ils sont Vaillans, pleins de Courage & d'Humanité; leur Cœur est éloigné de toute Cruauté, & tellement dépoüillé de toute Rancune, qu'ils se reconcilient aisément.

Mais bien que ces Qualitez soient, ou l'Ornement de la Vie Civile, ou Essentielles à la Chrêtienté; si est-il vrai qu'étant destituées de Flegme, de Patience, & de Discipline, ce sont des Viandes exquises, servies sans Sauce qui les fait manger avec goût.

Ie n'ignore pas que la Providence de Dieu, qui est Admirable en toutes choses, l'est particuliérement en ce qu'elle a voulu contrepeser les mauvaises Qualités de cháque Nation, par d'autres Avantages qui suppléent à leurs Défauts.

Si

Si la Nation Françoise est Légére &
Impatiente, sa Vaillance & son Impé-
tuosité lui font souvent faire d'un premier Effort, ce que les autres font avec
beaucoup de tems.

Si son Inquiétude l'Empêche de demeurer volontiers dans les Armées, la
Bonté Divine la rend si abondante en
Hommes, qu'il s'en trouve toûjours
quantité, qui sont portez par le même
Principe de Légéreté, à vouloir aller
aux occasions, quand les autres en veulent revenir, & céux-ci sont prêts à retourner, auparavant que ceux qui ont
rempli leur place, quittent la Partie.

Si le peu d'Affection qu'ils ont pour
leur Païs, les porte quelque-fois à prendre les Armes contre leur Roi, l'Inconstance & les subits Mouvemens,
ausquels ils sont sujets, font qu'étant
difficile d'y prendre Confiance, ils se
font plus de Mal à eux-mêmes, qu'ils
ne sont Capables d'en faire à leur
Païs.

C'est chose certaine, que les Espagnols nous surpassent en Constance &
en Fermeté, en Zéle & en Fidélité envers leur Roi & leur Patrie; Mais en
contre-change, ce Royaume Sterile est si
désert en certains endroits, & si peu A-
bondant en Hommes, que sans leur
Fer-

Fermeté, il se trouveroit souvent abandonné de soy-même.

Au reste, si entre les François quelques Particuliers prennent parti contre leur Maître, les Espagnols se mutinent, & se revoltent quelques-fois en Corps dans les Armées.

Si l'Empereur a l'avantage de dominer une Nation, qui est la Pépiniére des Soldats, il a aussi le desavantage, qu'elle change aisément de Parti, & de Religion tout ensemble, outre qu'elle est extraordinairement sujette à l'Yvrognerie, & beaucoup plus déréglée que la nôtre à la Campagne.

En un mot châque Nation à ses défauts, & les Prudentes sont celles qui tâchent d'aquerir par Art, ce que la Nature ne leur a pas donné.

Il est plus aisé d'ajoûter au Courage, à la Vaillance, & à la Courtoisie des François, le Flegme, la Patience, & la Discipline, que de donner aux Nations Flegmatiques, le Feu que la Naissance ne donne pas.

Les François sont Capables de tout, pourvû que ceux qui les commandent soient Capables de bien enseigner ce qu'il faut qu'ils pratiquent.

Leur Courage, qui les porte à chercher la Guerre aux quatre coins du

D 6   Mon-

Monde, vérifie cette Proposition ; puis qu'ils vivent comme les Espagnols dans leurs Armées, comme les Suedois dans leur Païs, comme les Cravates dans leurs Troupes, & comme les Hollandois dans leurs Etats.

Ils observent la Discipline des uns & des autres ; ce qui montre bien, que s'ils demeurent dans leur Païs en leurs Défauts naturels, c'est parce qu'on les soûfre, & qu'on ne sçait par les en corriger.

S'ils vivent dans ce Royaume sans Discipline, ce n'est pas tant leur faute, que celle des Chefs qui les commandent, qui se contentent d'ordinaire de faire de belles Ordonnances, & n'ont pas le Soin, qu'ils doivent avoir de les faire observer.

Il n'y a rien de si aisé que de donner des Régles de bien vivre, & rien qui soit si difficile de les faire pratiquer, il n'est point pourtant impossible.

Il faut, s'il se peut, en faire comprendre la Justice par Raison, & ensuite être impitoyable, & inflexible à faire châtier ceux qui les violent.

Si un, deux, ou trois Châtimens n'arrêtent le Cours de la Desobéïssance, la continuë l'emporte ; & j'ose dire à V. M. que si Elle trouve des Chefs,

Di-

Dignes de commander, Elle ne manquera pas de Sujets, Propres à obéir. C'est chose certaine, que l'Opinion qui s'est répanduë par tout le Monde, que les François sont Incapables de Régle & de Discipline, n'a autre Fondement que l'Incapacité des Chefs, qui ne sçavent pas choisir les Moyens nécessaires aux Fins qu'ils se proposent.

Le Siége de la Rochelle, où durant treize Mois une Armée de vingt-cinq mille Hommes reçût les Ordres, & y obéït comme des Religieux portant les Armes, & le Voyage de Pignerol, où ils firent le même, vérifient clairement ce que j'ai dit.

Mais il faut que celui qui commande n'ait aucune Acception de Personne, & qu'il soit reconnu pour tel ; étant certain, que si on voyoit qu'il n'eût pas assez de Fermeté pour demeurer Infléxible dans la rigueur de la Régle qu'il a établie, il n'y auroit Personne qui pensât être obligé à la garder : ou au moins s'en trouveroit-il beaucoup, qui se hazarderoient à la violer, pensant le pouvoir faire impunément.

Mais si un Chef se lasse moins de châtier, que les Délinquans de faillir ; sa Fermeté arrêtera le Cours de nos Légéretez si excessives, à moins d'un tel Reméde,

méde, il ne faut point efpérer de contenir dans les Bornes de la Raifon une
Nation fi Boüillante, & fi Impétueu-
fe que la nôtre. Les Châtimens de Ma-
rillac & de Montmorenci, ont en un
inftant mis en leur Dévoir tous les
Grands de ce Royaume; & j'ofe affeu-
rer, que celui de dix Officiers, & de
cinquante Soldats, maintiendra les Armées en Difcipline, & en état de faire
tout ce qu'on voudra.

Ainfi fi l'on châtie tous ceux qui man-
queront à fatisfaire à leurs Dévoirs & O-
bligations, on en châtiera peu, veu
qu'il ne s'en trouvera pas beaucoup, qui
veulent de gaïété de cœur s'expofer à
leur Perte, quand ils la connoîtront
inévitable, & par la Mort de peu de
Gens, on confervera la Vie à beaucoup, & l'Ordre en toutes chofes.

Jamais les Défauts de cette Nation
n'ont paru davantage, que fous le Régne
de V. M. qui étant Signalé de beaucoup
de Bonheur, & d'une grande Puiffance en vôtre Conduite, le fera auffi au
Jugement des plus Senfez, pour beaucoup d'Infidélitez qu'Elle a fouffert, &
par un grand nombre de Légéretez pratiquées contre fon Service.

Aprez avoir plufieurs fois récherché
les Raifons des uns & des autres, je ne
crains

crains point de dire, que ces Légéretez viennent de la Foiblesse de la Minorité de V. M. pendant laquelle les Esprits se sont tellement accoutumez à toutes sortes sortes de Licences, qu'ils ont crû dans vôtre Régne les pouvoir continuër avec la même Impunité, qu'ils ont fait auparavant.

La Premiére est, qu'y ayant plus de Colléges de Religieux, plus d'Officiers de Justice & de Finances, que par le passé, il y a beaucoup moins de Soldats ; ce qui fait que la Désertion de ceux qui se retirent des Armées, paroît davantage, parce qu'il ne s'en trouve pas tant qu'autrefois, qui remplissent la Place de ceux qui abandonnent leur Dévoir.

La Seconde, que les Gens de Guerre faisoient par le passé plus de Fortune qu'en ce tems, auquel les Financiers, & les Partisans recüeillent toute la Graisse, au grand dégoût de ceux qui se voyent contraints d'exposer leur Vie, presque inutilement.

La Troisiéme, que les Chefs d'apréfent sont moins Soigneux de la Discipline Militaire, & moins Sévéres à châtier ceux qui les abandonnent, que n'étoient nos Peres.

La Quatriéme, que le long-tems
qu'il

qu'il y a que les François n'avoient eû de Guerre étrangére, où ils euffent de Puiffans Ennemis à combattre, leur a-voit fait quafi oublier le Métier, & les avoit defaccoûtumé des Fatigues dont ils font peu capables, bien qu'il en faille beaucoup effuyer, lors qu'on a affai-re à des Ennemis éveillés & puiffans.

J'ajoûte à ces Confidérations, que la Santé de V. M. ne lui a pû permettre d'être toûjours dans les Armées, & que l'Injuftice des François eft telle, qu'ils ne font pas contens en un Lieu où ils hazardent leur Vie, s'ils ne voyent leur Roi, par la Préfence duquel ils l'efti-ment en quelque façon affeurée.

Il n'appartient qu'aux Ennemis de cet Etat, de faire la Guerre avec Succez, par de fimples Lieutenans; le Flegme de leur Nation leur donne cet Avanta-ge, mais la Françoife eft moins propre qu'aucune autre à en ufer ainfi, parce que l'Ardeur qui leur donne du Coura-ge, & le Défir de combattre, leur don-ne auffi l'Impatience, qui ne peut être vaincuë, que par la Préfence de leur Roi.

S'il eft arrivé quelques-fois, qu'une grande Entreprife ait réuffi fous des Lieu-tenans, il fe trouvera fans doute, que ceux qui ont eu ce Bonheur, ont été des

Per-

Perſonnages de trés-grande Authorité,
tant par la Confiance de leur Maître,
que par le Mérite de leurs Perſonnes;
ou que les Guerres n'auront pas été de ſi
longue durée, qu'en ſurmontant les
Ennemis il lui ait fallu auſſi vaincre
l'Humeur des François.

Ce n'eſt pas une petite peine d'être o-
bligé de faire connoître en cet endroit,
les Défauts que V. M. a pluſieurs fois
remarqué en ſa Nobleſſe; Cependant
ils ſont ſi publics, qu'il eſt impoſſible de
les cacher.

L'Affection que je lui porte, fait qu'il
eſt néceſſaire de les examiner, pour y
trouver Exemple, & y chercher Reméde.

L'eſtime en laquelle elle a été par le
paſſé, ne permet pas quaſi de croire
qu'elle ait mal fait en certaines occaſions de vôtre Régne; mais j'en ferai,
ſans doute, concevoir la Raiſon à ceux
qui en ont vû l'Effet.

Il n'y a Perſonne qui ne comprenne
aiſément, qu'il y a grande différence
entre les Eſprits, qui montent en haut
par leur Nature, & les plus groſſiéres
Parties de leurs Corps qui demeurent
en bas,

L'Excellence de la Nobleſſe, qui
cherche la Guerre volontairement, ſont
ces

ces Esprits qui montent en haut, estimez de tout le Monde; & celle qui n'y va que par la nécessité des Loix de ce Royaume est, sinon la Lie, au moins le Vin qui est au dessous de la Bare, & dont on fait si peu de cas, qu'à peine peut il servir pour des Valets.

Il n'y a point de Communauté, où l'on ne trouve beaucoup plus de mauvais Sujets que de bons; & partant peu d'Yvroye étant capable de gâter plusieurs monceaux de Bled, ce n'est pas merveille si lors qu'une Noblesse est assemblée, le grand nombre corrompt le petit, quoy que meilleur; Et comme le meilleur Vin, broüillé avec la Lie ne vaut rien, aussi le Service de la meilleure Noblesse est non seulement inutile, mais préjudiciable, quand elle est jointe avec la Lie qui l'altére.

* Ce Discours me donnant lieu de parler du Ban, & de l'Arriére-Ban, je ne puis que je ne dise, que si une Assemblée de Noblesse, qui n'ayant point de Chef qui ait Autorité, se conduit sans Régle & vit sans Discipline......

Assemblée dont la Subsistance est si peu asseurée, que la Légéreté, la Lâcheté, Malice, ou le Dégoût de trois ou quatre Personnes, sont capables de la dissiper en un moment.

(†) Arriére-Ban.   As-

Assemblée qui ruine beaucoup plus les Lieux par où elle passe, que les Troupes réglées qui ruïnant le Pays de V. M. payent une partie de ce qu'elles dépensent, au lieu que celle-cy ne paye rien du tout.

Elle ne fait jamais de Garde en une Armée, d'où il arrive double Mal, & celui de leur Fainéantise, & le Dégoût qu'en reçoivent les autres.

Si elle ne combat aussi-tôt qu'elle est arrivée, comme elle a été prompte à venir, elle est prompte à s'en retourner, & en menace à tous momens; En se retirant elle débauche non seulement beaucoup de Gens par son mauvais Exemple, mais les plus Ingénieux de sa Troupe, inventent tout ce que l'Artifice peut suggérer pour couvrir leur Infamie, & faire croire qu'elle ne s'en va pas sans Raison; ce qui fait, qu'en affoiblissant les Armées, elle les étonne tout ensemble.

VÔTRE MAJESTÉ connoissant mieux que moy ces Véritez, dont Elle a vû la Pratique en sa Présence, sans exagérer les Défauts d'un Ordre, dont j'ay représenté les Perfections, ma Conscience m'oblige de dire hardiment, qu'il ne faut jamais avoir recours à un tel Secours beaucoup plus Préjudiciable qu'Utile à l'Etat. Mais

Mais afin que ce Royaume ne demeure pas privé du Service de la Noblesse, qui en a toûjours été le principal Nerf, & qui est obligée de le servir en tems de Guerre, à cause des Fiefs qui lui ont été donnés à cette condition, & des Avantages qu'elle a pendant la Paix sur les Peuples. Il faut taxer tous les Fiefs en châque Bailliage, selon leur Revenu, & former avec l'Argent qui en reviendra des Compagnies réglées, dans lesquelles ceux qui aimeront mieux servir en Personne, que payer la Contribution de leurs Fiefs, seront reçûs, pourvû qu'ils s'engagent de satisfaire aux Conditions de leurs Obligations.

La Prudence veut qu'on se serve des Hommes selon leur Portée, & que l'on suplée au Défaut de la Nature; & pour cette Raison il faut se servir du Corps de la Noblesse, si l'on veut en tirer quelque Utilité.

En suite de cette Observation, passant plus avant, je suis obligé de remarquer, qu'il est presque impossible d'entreprendre avec Succez des grandes Guerres avec des François seuls.

* Les Etrangers sont absolument nécessaires, pour maintenir le Corps des Armées, & si la Cavalerie Françoise est

(†) Etrangers nécessaires.

est bonne pour combattre , on ne peut se passer d'Etrangers pour faire les Gardes , & supporter les Fatigues d'une Armée.

Nôtre Nation boüillante & ardente aux Combats , n'est ni vigilante à se garder, ni propre à former des Desseins, ou des Entreprises qui ne se peuvent exécuter sans peine.

Les Armées Françoises étoient toûjours composées de la moitié d'Etrangers , & nous avons expérimenté combien il est avantageux de s'en servir , au défaut de nôtre Nation, par les bonnes Qualitez de ceux dont nous pouvons être assistez : & cependant corriger nos Imperfections autant qu'il nous est possible.

Or parce que si nous manquons de Soldats bien Disciplinez , Fermes, & Constans en leur Dévoir , nous manquons encore plus de Chefs, qui ayent les Qualitez qui leur sont nécessaires; ce n'est pas assez de remédier à un de ces Défauts , il faut aussi pourvoir à l'autre.

Il y en a peu dans le Monde, mais beaucoup moins en France qu'en autre Lieu, qui ne s'aveuglent dans la Prospérité, & ne perdent cœur & jugement dans l'Adversité & les Traverses.

II

Il eſt néanmoins néceſſaire qu'il y ait des Gens dans l'Adminiſtration de l'Etat, & dans le Commandement des Armées, qui ſoient exemts de ces Défauts, autrement on ſeroit en hazard de ne tirer jamais aucun fruit des occaſions favorables, que DIEU nous peut envoyer, & de perdre beaucoup au premier Accident de Fortune qui nous arriveroit.

Bien que la Tête ſoit ce qui guide le reſte du Corps, & que le Jugement ſoit la Partie la plus eſſentielle à celui qui commande, il eſt vray néanmoins que je ſouhaite plûtôt à un Général d'Armée beaucoup de Cœur, & un médiocre Eſprit, que beaucoup d'Eſprit, & un médiocre Cœur.

On s'étonnera peut-être de cette Propoſition, parce qu'elle eſt contraire à ce que pluſieurs ont penſé ſur ce ſujet, mais la Raiſon en eſt évidente.

Ceux qui ont grand Cœur ne s'étonnent pas dans le Péril; tout l'Eſprit que Dieu leur a donné, & leur Jugement leur ſert fort bien en telles occaſions; au lieu que ceux qui ont fort peu de Cœur s'étonnant aiſément ſe trouvent au moindre danger ſi troublez, que quelque grand Eſprit qu'ils ayent, il leur eſt du tout inutile, parce que la peur leur en ôte l'Uſage.

Je

Je ne fais pas grande différence, entre donner le Maniement des Finances à un Voleur, & le Commandement d'une Armée à celui dont le Courage est médiocre.

Comme l'Avarice, & le désir qu'à le premier d'aquerir du Bien, font qu'il ne prend pas toûjours les occasions d'augmenter le Fonds de son Maître, aussi le second, qui a le Désir de conserver sa Vie, & se garentir de divers Périls, qui n'ont Fondement qu'en son Imagination, est porté à perdre & à éviter beaucoup d'occasions trés-avantageuses à ses Armes; & ainsi si le premier est capable de faire des Fautes, par le Désir de remplir sa Bource, le dernier ne l'est pas moins, par le Dessein qu'il a d'asseurer sa Vie.

Entre les Gens de Cœur, il y en a qui sont Vaillans par Nature, & d'autres qui le sont seulement par Raison; les premiers sont beaucoup meilleurs pour Soldats que pour Capitaines, parce que d'ordinaire leur Vaillance est accompagnée de quelque Brutalité; mais les seconds sont bons pour Chefs; cependant il est toûjours à désirer, que leur Vaillance Raisonnable ne soit pas destituée de la Naturelle, parce qu'autrement il seroit à craindre que la Pré-voyan-

voyance de beaucoup d'Inconvéniens qui peuvent arriver, & qui n'arrivent pas, détournât celui qui agiroit avec trop de raisonnement d'entreprendre ce qui réüssiroit à d'autres moins Spirituels, & plus Hardis.

Le manque de Jugement contribuë beaucoup à la Vaillance de certaines Personnes, qui font des Coups d'autant plus hazardeux, qu'ils connoissent moins le Péril où ils s'exposent.

Le Jugement ne sert pas peu à d'autres pour feindre une grande Hardiesse en certaines occasions, qui périlleuses en apparence, ne le font, ni dans l'Effet, ni dans l'Esprit de ceux à qui Dieu a donné plus de Lumiére qu'aux autres.

Comme il ne faut pas une Vaillance au Général d'Armée qui soit destituée de jugement. S'il est Clairvoyant & Judicieux en éminence il a besoin de sincérité qui l'empéche de faire passer des Artifices pour des Actions de Cœur. L'homme se déguise souvent en tant de façons, qu'il est bien difficile de distinguer les effets de la Tête de ceux dont le Cœur est la principale Cause.

Il y a des gens si naturellement Vaillans, qu'ils font tels jusques au Tombeau.

D'autres qui ne l'étant pas de cette
sorte,

forte, font un effort en leur Jeuneſſe pour paroitre tels, afin de s'aquérir quelque Réputation, à l'ombre de laquelle ils puiſſent paſſer leur vie ſans infamie.

Ces derniers n'ont pas plûtôt obtenu leurs Fins que les Effets de leur Vaillance diſparoiſſent, parce qu'ils ont leur compte, & que l'Artifice eſt la ſource de leur Courage, & non leur Inclination naturelle.

Il faut bien ſe donner de garde de choiſir un Chef de cette nature, ſe reſſouvenant que l'Artifice eſt auſſi dangereux en ceux qui commandent, que le Jugement & le Courage leur ſont néceſſaires.

Ces deux qualitez doivent quaſi marcher de même pied, mais en compagnie de pluſieurs autres.

Les grandes Entrepriſes n'étant pas jeux d'Enfans; il eſt vrai de dire qu'elles requiérent en ceux qui les font, un âge mûr; mais eſt il vrai, qu'ainſi que la maturité du Jugement qui s'avance avec les années eſt utile à former un deſſein, le feu de la Jeuneſſe ne l'eſt pas moins pour pouvoir le mettre en Exécution. Et c'eſt choſe certaine que la Fortune rit ſouvent aux Jeunes gens, & tourne le dos à la Vieilleſſe.

Partie II. E Il

Il faut remarquer à ce propos, qu'il y a grande différence entre un Nouveau, un Jeune & un Vieillard. Il est difficile d'être bon & mauvais tout ensemble.

Pour être excellent, il faut être jeune d'Années, mais non de service & d'Expérience. Et bien que les Vieux soient d'ordinaire les plus Sages, ils ne sont pas les meilleurs pour entreprendre, parce qu'ils se trouvent souvent destituez du feu de la Jeunesse qui est requis en telles occasions.

Pour conclusion, le Cœur, l'Esprit & la bonne Fortune sont trois qualitez si nécessaires à un Chef, que bien qu'on n'en trouve pas beaucoup qui les ayent toutes ensemble, il est difficile d'attendre sans hazard de grands Evénemens de ceux qui se trouveront destituez de l'une d'icelles.

Mais si on est assez heureux pour en trouver en qui ces conditions se rencontrent, il sera trés-aisé de remedier aux défauts de ceux qu'on voudra commettre à leur Conduite.

Un de ceux qui cause plus de mal est, ainsi que j'ai remarqué, la légéreté de nôtre Nation, qui la rendant presque incapable de demeurer long tems en un même Etat, fait qu'une Armée n'est pas
plû-

plûtôt mise sur pied, qu'elle diminuë de la moitié.

† J'ai quelquefois estimé que le meilleur Expédient qu'on pourroit prendre pour faire subsister les Gens de Guerre & les maintenir en Discipline, seroit de mettre l'Etablissement des Légionnaires, autrefois pratiqué en ce Royaume, y ajoûtant quelques Ordres particuliers tout à fait nécessaires pour le rendre assuré, mais la Raison & l'Expérience m'ont fait perdre cette pensée.

La Raison, parce qu'elle fait connoître clairement que ce qui est commis au soin de plusieurs est d'autant moins asseuré, que chacun se décharge sur son Compagnon, & que les choix qui se font par l'avis des Communautez, se trouvent rarement faits par le seul motif de la Raison, parce qu'encore qu'il y ait beaucoup de gens sages & de Probité, le nombre des Foûs & des Méchans est toûjours le plus grand.

L'Expérience, parce qu'elle apprend à tout le Monde, qu'il n'y a point de Deniers plus mal dispensez que ceux des Communautez.

*Outre que je puis dire avec vérité

E 2   que

† Remède pour faire Subsister les Armées.
* Cette Vérité est clairement justifiée par la mauvaise Administration des Deniers d'Octroi des Villes, & des Fabriques des Eglises.

que lors que les Néceſſitez urgentes de l'Etat, ont contraint V. M. de Recourir à des Troupes envoyées par des Princes, conduites & payées par leurs Officiers; ce que j'ai veu deux fois pendant cette derniére Guerre; elles ont toûjours coûté le double, & ont fait autant & plus de Deſordres que les autres, & moins ſubſiſté que celles qui étoient en même tems levées, & conduites par des particuliers à vos Dépens.

Ces conſidérations m'ont fait voir clairement qu'au lieu de Charger les Provinces de la levée & de l'entretenement des Gens de Guerre; les Souverains en doivent prendre le ſoin, & qu'ils peuvent les faire ſubſiſter avec ordre, s'ils veulent ſe ſervir des moyens utiles à cette fin, ſelon l'ordre ſuivant.

Tous les Soldats doivent être Enrôlez; le Rôle qui en ſera fait, doit porter leur Nom, déſigner le lieu de leur Naiſſance, & leurs habitudes; afin que s'ils viennent à ſe débander, on les puiſſe trouver plus aiſément.

Le Greffier de chaque lieu doit être chargé du nombre de ce qui ſe levera en ſon Etenduë, & les Juges obligez d'avoir l'œil à faire prendre & châtier ſelon la rigueur des Ordonnances, tous ceux qui reviendront des Armées, ſans un bon

bon & valable Congé; sur peine ausdits Juges d'être privez de leurs Charges, s'il se vérifie qu'ayant eu connoissance du retour desdits Soldats, ils les ayent laissez impunis.

Pour l'Enrôlement des Soldats, chacun doit être obligé de servir trois ans sans demander Congé, si ce n'est en cas d'une évidente Maladie, à condition aussi que ce terme étant expiré, l'on ne pourra le leur refuser lors qu'ils le demanderont.

Cette Condition semble d'autant plus nécessaire, que le François qui croit être contraint, & retenu contre son gré, ne pense d'ordinaire qu'à s'échaper, deût-il perdre mille vies, s'il en avoit autant, au lieu que s'il lui est libre de se retirer, il y a grande apparence qu'il demeurera volontairement dans les Armées, la Nature portant d'ordinaire les hommes à vouloir moins ce qui leur est permis, que ce qui leur est defendu.

Tout Soldat qui aura obtenu son Congé, sera tenu de le faire Enregîtrer au Greffe de la Juridiction en laquelle il aura été levé.

Les Chefs & les Officiers d'un Régiment ne pourront pour quelque cause que ce puisse être, recevoir des Soldats

d'un

d'un autre, sur peine d'être dégradez des Armes, & même de Noblesse, s'ils sont Gentilshommes.

Et le Soldat qui sera trouvé avoir abandonné son Capitaine sans Congé, sera sans rémission envoyé aux Galéres en quelque temps qu'il puisse être pris, sans qu'aucun changement de lieu ni de condition le puisse exempter de cette peine.

Nul Congé ne sera estimé bon, s'il n'est signé du Mestre de Camp, ou autre qui commande le Corps en son absence, & Scélé du Sceau du Régiment.

Chaque Régiment aura Prévôt, un Commissaire, un Controleur, & un Payeur, qui tous seront obligez de suivre le Régiment, sur peine non seulement de Cassation, mais même de punition exemplaire.

S'il se fait quelques Desordres dont le Prévôt ne fasse point de châtiment selon les Loix Militaires, il sera lui-même châtié lorsque la Plainte viendra à la connoissance de V. M. ou de ses Généraux.

Si le nombre du Régiment n'est complet, & que le Commissaire & le Controleur n'en donnent avis, ils en répondront en leurs propres & privez

vez Noms , & seront sévérement punis.

Si la Solde manque par la faute du Payeur , soit par divertissement qu'il fasse du fonds de sa Charge, soit par simple Remise , ou Délai, ou autre manquement , il ne pourra en aucune façon être exempt du payement du quadruple , & de Punition Exemplaire.

Lesdits Officiers seront seulement employez par Commission , diverses Expériences ayant fait connoître que rien ne perd tant les Officiers du Roi, particuliérement en ce qui est du fait de la Guerre , que de mettre les Charges en Titre d'Offices, qui à proprement parler, n'est autre chose qu'un Titre de Volerie & d'Impunité.

Ceux qui commandent les Troupes, seront obligez de les faire mettre en Bataille toutes les fois qu'ils en seront requis par les Commissaires.

Afin que ceux qui auront telles Commissions puissent s'en acquiter fidélement ; le Commissaire aura 200. livres par mois, le Contrôleur 150. livres, le Prévôt 100. liv. son Greffier 50. liv. & chacun de ses Archers 30. livres.

Or parce qu'on ne sçauroit rien avancer en réglant les Soldats & les petits Officiers , si l'on ne prescrivoit l'ordre

qui

qui doit être observé par les principaux
Chefs. Les Meſtres de Camp, Capitaines, Sergents Majors, Lieutenans
& Enſeignes, ne pourront s'abſtenir de
leurs Charges, ſans Congé de leurs Généraux, & Commandans des Troupes,
ou de V. M. & au cas qu'aucuns contre-
viennent à ce Réglement, ils doivent
être caſſez, dégradez de Nobleſſe & des
Armes, s'ils ſont Nobles, ou caſſez
ſeulement s'ils ne le ſont pas, ſans préjudice de plus grande peine. V. M. s'im-
poſera, s'il lui plaît, cette Loi à Elle-
même, de ne leur donner jamais Congé pendant la Guerre ſans cauſe légiti-
me, mais lors qu'ils ſeront en Garni-
ſon, Elle uſera auſſi de cette Bonté de
ne point refuſer Congé aux tiers des Officiers pour quatre mois, afin qu'en
un an ils le puiſſent avoir tous à leur
tour.

Si avec cette bonne Régle qui ne
peut être eſtimée trop auſtére par ceux
même qui en peuvent ſouffrir, on a un
ſoin particulier des Soldats: Si l'on leur
donne du Pain tout le long de l'année,
ſix Monſtres & un Habit: ſi l'on continuë les Miſſions Militaires pratiquées
en 1639. pour les empêcher de tomber
Malades: ſi lors qu'ils le ſont, on a des
Hôpitaux qui ſuivent l'Armée en tous
lieux,

lieux , ainsi qu'on a fait en la même année , & qu'en assurant la vie à ceux qui auront été estropiez en servant le Roi , dans la Commanderie de Saint Louis , destinée à cette Fin ; l'ose répondre que l'Infanterie de ce Royaume sera bien Disciplinée à l'avenir.

* Il en sera de même de la Cavalerie , si la mettant sur pied avec le même ordre , & que je ne repéte point , pour éviter une redite importune ; on oblige en outre chaque Cavalier à avoir deux Chevaux de service & un de Bagage : si on ne leur en souffre davantage : si on leur fait observer rigoureusement les Ordonnances , qui les obligent à n'être jamais sans Armes : & si on les met en Garnison pendant la Paix dans les lieux Clos , pour éviter les Desordres dont il est impossible de garentir le Peuple , lorsque les Gens de Guerre logent à la Campagne.

Elle a si mal fait en ces dernières Guerres , que si elle demeuroit en l'état auquel elle est , il n'en faudroit plus faire compte.

La vraye Cause de sa Décadence est le grand nombre qu'on a été contraint d'en faire en ces derniers Tems , pour s'opposer à celle des Etrangers , qui

E 5   met-

(†) Cavalerie.

mettent indifféremment toutes sortes
de personnes à cheval.

De là est venu, qu'elle n'a pû être
ainsi que par le passé composée de Noblesse adroite & Courageuse; mais qu'on
a été contraint de la remplir non seulement de Vieux Soldats, mais encore
de Jeunesse de toutes conditions, qui
n'a jamais éprouvé ni son Cœur, ni son
Bras.

Si en imitant les Etrangers qui reçoivent toutes sortes de gens dans leur Cavalerie, la nôtre avoit appris à supporter aussi bien les fatigues que la leur, bien
qu'elle eût perdu une partie de cette ancienne Valeur, qui la rendoit recom-
mandable, nous aurions lieu de nous
consoler; mais la legéreté & la délica-
tesse qui se trouvent presque en toutes
les Conditions de nôtre Nation, l'ayant
renduë dans ses premiers Défauts; Elle
a perdu ce qu'elle avoit de meilleur, sans
acquérir ce qu'elle n'avoit pas.

Bien que les Medecins estiment que
la Cure d'une Maladie est bien avancée
lors que la vraye Cause de son Mal est
connuë; J'avouë qu'en connoissant l'o-
rigine & la source de celui dont il est question, la Guérison ne laisse pas d'être
très-difficile.

Si l'on réduit la seule Cavalerie à la
No-

Nobleſſe, on n'en ſçauroit avoir le nombre néceſſaire pour s'oppoſer à celle des Ennemis ; & ſi on y admet toutes ſortes de Perſonnes, il eſt impoſſible de l'avoir telle que l'Hiſtoire repréſente la Françoiſe.

Le ſeul Expédient qu'on peut prendre, à mon Avis, en cette extrêmité, eſt d'exhorter les Capitaines à avoir dans leurs Compagnies le plus de Nobleſſe qu'ils pourront, d'ordonner qu'aucune ne pourra être reçûë à la Montre, qu'il n'y ait la moitié de Gentilshommes.

D'obliger tous ceux de cette Naiſſance qui auront 20. ans, de porter les Armes, déclarant qu'ils ne ſeront jamais capables d'aucunes Charges ni Dignitez, s'ils n'ont au moins ſervi actuellement trois ans dans les Troupes de V. M.

De deffendre à tous Officiers de Cavalerie d'enrôler dans leurs Compagnies aucun Soldat, non Gentilhomme, qui n'ait 25. ans paſſez, & qui n'ait porté les Armes dans l'Infanterie, au moins trois ans.

Enfin de faire rigoureuſement exécuter les anciens Ordres Militaires, qui veulent que tous Cavaliers qui abandonnent leur Chef en un Combat ſoient deſarmez ſur la ſimple notoriété de leur défection.

E 6   Si

Si ce Réglement est réligieusement observé, je ne doute point que la Cavalerie Françoise ne regagne sa premiére Réputation, & V. M. ayant son Infanterie & sa Cavalerie bien Disciplinée, pourra se vanter d'être Forte par les Armes, en quelque tems que ce puisse être, & en état de donner pendant la Paix autant de Sûreté à ses Sujets, que de Terreur à ses Ennemis.

Reste à voir seulement si cet Etat pourra supporter la Dépense d'un si grand corps de Gens de Guerre, tel qu'est celui dont j'ai fait le Projet. Ce qui s'examinera cy-aprés.

Cependant bien qu'il y ait lieu d'espérer que par le moyen d'un Réglement si Utile, & si aisé à observer comme est celui que je propose, les Armées subsisteront à l'avenir, ainsi qu'il est à désirer; ou du moins qu'elles se maintiendront beaucoup mieux que par le passé; je ne laisserai pas de faire six Remarques d'autant plus nécessaires pour une grande Guerre, que la Prudence requiert qu'aux Affaires d'Importance, on ait tant d'Expédiens, qu'on ne soit jamais court en ses mesures.

* La premiére est, que si l'on veut
avoir

---

† Remarques pour faire Subsister les Armées, & pour faire Utilement la Guerre.

avoir 50000. Hommes Effectifs, il faut en lever Cent, n'eſtimant un Régiment de 20. Compagnies qui doivent avoir cent Hommes, que pour mille.

La deuxiéme, qu'il faut ſouvent rafraîchir les Armées par de nouvelles Levées, ſans leſquelles bien qu'elles ſoient fortes par leur Contrôle, elles ſeront trés-foibles en effet.

La troiſiéme, que tels Rafraîchiſſemens doivent être plûtôt faits par fréquentes Recrûës des Vieux Corps, qu'il faut conſerver lors même qu'ils ſont entiérement affoiblis, que pour lever de nouveaux Régimens auſquels toutefois il eſt expédient d'avoir recours en certaines occaſions preſſées, parce que les Soldats s'Enrôlent plus volontiers ſous les Officiers.

La quatriéme, que lors que les troupes ſont ruïnées, il vaut mieux les payer ſur le pied auquel elles ſont reduites que les réformer, parce qu'il eſt impoſſible d'en uſer ainſi, ſans perdre d'excellens Officiers & des Soldats Aguerris.

Je ſçai bien qu'on peut ordonner que ce qui reſte de Soldats, paſſe dans d'autres Régimens. Mais il eſt tout-à-fait impoſſible de le faire pratiquer, l'affeÉtion que chaque Soldat a pour ſon Ca-

pi-

pitaine, lui donnant sujet de se retirer, ou au moins prétexte à sa légéreté d'en user ainsi.

Je sçai bien encore qu'en réformant des Régimens, on pourroit imiter les Espagnols qui ne font pas seulement passer les Soldats dans de Vieux Corps, mais même des Officiers.

Mais bien qu'il soit aisé de résoudre un tel Ordre, il n'y a point de sévérité assez grande pour le faire exécuter ; l'humeur Ambitieuse & peu Sage de nôtre Nation, ne leur permettant aprés avoir commandé de souffrir d'être commandez, quelque avantage qui pût leur revenir d'une telle obéïssance.

La cinquiéme, qu'il est absolument impossible dans les Guerres qui requiérent des Efforts extraordinaires, de payer réglément les Montres des Géns qu'on met sur pied, comme on peut faire en une Entreprise qui n'excéde point les Forces d'un Etat ; Mais qu'en tel cas ces deux Expédiens peuvent remédier à un tel Défaut.

Le premier consiste à si bien pourvoir aux Vivres ; que jamais le Pain ne manque aux Soldats.

Le second, de contenter les Chefs qui étans satisfaits, ont trop d'intérêt à maintenir les Gens qu'ils commandent

pour

pour n'y pas faire leurs efforts ; Au lieu que s'ils font maltraitez, leurs plaintes & leurs négligences donnent lieu de licence à leurs Soldats, & leur font venir l'envie de se débander, quand ils n'y penseroient pas de leur propre mouvement.

Cependant je ne veux pas oublier à remarquer que pour bien faire, il faut donner trois Montres pendant la Campagne, outre cinq mois de Quartier d'hyver que les Troupes doivent avoir réglément.

Or parce qu'il n'y a rien de si Important à la Subsistance des Gens de Guerre & aux succez de tous les Desseins qu'on peut entreprendre, que de pourvoir si bien à leurs Vivres qu'ils ne leur manquent jamais.

J'ajoûte pour sixiéme Remarque, que ce Soin est un des principaux qu'on doit avoir, & que l'Oeconomie & la Police font les principales parties des Généraux d'Armée.

A peine les Armées combattent elles une fois en un an. Mais il faut qu'elles vivent tous les jours & qu'elles subsistent avec ordre ; Ce qui ne se peut faire sans une grande Oeconomie & un extraordinaire soin de Police.

Il se trouve en l'Histoire beaucoup
plus

plus d'Armées péries par faute de Pain & de Police, que par l'effort des Armes Ennemies; Et je suis fidéle Témoin que toutes les Entreprises qui ont été faites de mon tems, n'ont manqué que par ce Défaut.

Ceux qui n'ont pas d'Expérience, estiment d'ordinaire avoir tout fait quand ils ont mis des Armées sur pied, & qu'ils ont pourvû à leur Solde: Mais quelque payement qu'on leur fasse, si elles ne font en lieu où elles puissent vivre commodement, leur argent leur est inutile, & ne peut les empêcher de périr.

Je ne puis que je ne dise à ce propos, qu'il faut bien se donner de garde de se fier assez souvent sur la foi d'un simple Munitionnaire, qui s'oblige à fournir le Pain d'une Armée.

La vie de telles gens est une trés-mauvaise Caution du dommage que leur négligence peut causer, pour se reposer sur leur Foi.

Le Soin des Vivres doit être commis à des Personnes de Qualité, dont la Vigilance, la Fidélité & la Capacité soient connuës; puis que de là dépend la Subsistance des Armées, & bien souvent celle de l'Etat.

Il n'y a point de gens trop relevez pour être employez en telles Charges.

* Pour

† Pour ne se point tromper en son compte, en mettant une Armée sur pied, il faut faire l'Etat des Vivres en sorte qu'il y ait pour chaque Régiment de mille Hommes quinze Charriots pour porter toûjours à la suite pour quinze jours de Pain, qui est à peu près ce qu'il en faut pour faire une Entreprise de considération : encore faut-il en avoir cent, ou deux cens par dessus le calcul, autrement on se trouveroit court.

Il ne faut pas oublier de porter des Moulins & des Fours, car bien que l'usage n'en soit pas bon pour l'ordinaire, il est toutefois nécessaire d'en avoir, pour s'en servir en certains lieux ausquels il seroit impossible de subsister autrement, & ausquels il peut arriver qu'un séjour de quatre jours donne de grands Avantages aux Ennemis, sur une Armée qui manque de Subsistance.

Les

---

† Un Chariot à quatre Chevaux doit porter par tout Pays sept à huit Septiers de Bled, ce qui reviendra à 1500. l. pesant, chaque Septier pesant 240. en Pain il doit porter mille Rations, qui doivent peser 1500. l. en Biscuit il portera 2000. Rations. Ainsi 15. bonnes Charrettes porteront pour 15. jours de Pain pour mille Hommes, & pour 3 semaines de Biscuit. Et partant 225. Charrettes à ce compte doivent porter pour 25. jours de Pain & pour 30. de Biscuit pour une Armée de 15 mille Hommes.

Les moindres choses étant à considérer dans les grands Desseins, un Général d'Armée doit avoir un Soin particulier du détail de son Equipage.

Il doit sçavoir que des Charrettes se
débarrassent mieux que des Chariots,
qu'elles tournent plus aisément en des
lieux étroits; Mais que d'autre part elles sont plus sujettes à verser, & qu'une
renversée est capable d'arrêter long-
tems tout un Equipage. Ainsi c'est à lui
à considérer les lieux où il va pour se
servir des unes ou des autres, selon qu'il
le jugera le plus à propos.

Il doit sçavoir de plus, qu'il y a deux
façons de porter le Pain, ou dans des
Caissons qui pésent & embarrassent
beaucoup, ou dans des Charrettes clis-
sées par les côtez, & couvertes de toiles cirées, ce qui est beaucoup plus com-
mode.

Ensuite de ces six Remarques, il ne
me reste qu'à donner deux Conseils à
ceux qui commandent nos Armées.

Le premier est, d'être toûjours le premier en Campagne, étant difficile à u-
ne Armée pour puissante qu'elle puisse
être, de faire progrèz quand elle en
trouve une sur pied qui lui fait Tête; &
souvent aisé à celle qui commence la
premiére de s'assûrer un bon Succez.

Le

Le second de prendre plûtôt le parti d'Attaquant, lorsqu'on le peut sans témérité, que celui de Défenseur; parce qu'outre que celui qui a l'audace d'attaquer donne quelque impression de crainte à celui qu'il attaque, le naturel des François impatient & léger est aussi mal propre à la Défense, que son feu & ses premiers boüillons leur donnent des qualitez qui les rendent capables de bien s'acquiter de leur devoir:

Diverses Expériences me font parler ainsi, & je m'assure que ceux qui seront consommez dans le Commandement, tiendront ce langage.

SECTION V.

De la Puissance sur la Mer.

LA Puissance en Armes réquiert non-seulement que le Roi soit fort sur la Terre, mais aussi qu'il soit Puissant sur la Mer. Lors qu'Antoine Perez fut receu en France par le Feu Roi vôtre Père, & que pour lui faire passer sa misére avec douceur il lui eut assuré un bon Appointement. Cet Etranger désirant reconnoître l'obligation qu'il avoir à ce grand Roi, & faire voir que s'il étoit Malheureux, Heureux;

teux, il n'étoit pas Ingrat, donna en trois mots, trois Conseils qui ne sont pas de petite considération, ROMA, CONSEJO, PIBLAGO.

L'Avis de ce Vieux Espagnol consommé dans les Affaires d'Etat, ne doit pas tant être considéré par l'Autorité de celui qui le donne, que par son propre Poids.

Nous avons déja parlé du Soin que l'on doit avoir d'être pourvû d'un bon Conseil & autorisé à Rome. Reste à représenter l'Intérêt que le Roi à d'être Puissant sur la Mer.

La Mer est celui de tous les Héritages sur lequel tous les Souverains prétendent plus de part, & cependant c'est celui sur lequel les Droits d'un châcun sont moins éclaircis.

L'Empire de cet Element ne fut jamais bien assuré à Personne. Il a été sujet à divers Changemens selon l'Inconstance de sa Nature, si sujette au Vent qu'il s'abandonne à celui qui le Flate le plus, & dont la Puissance est si déréglée qu'il se tient en état de le posséder par violence, contre tous ceux qui pourroient le lui disputer.

En un mot les Vieux Titres de cette Domination sont la Force & non la Raison, il faut être Puissant pour prétendre à cet Héritage.   Pour

Pour agir avec ordre & méthode en ce Point, il faut considérer l'Océan & la Mediterranée, séparément; & faire distinction des Vaisseaux Ronds, utiles en ces deux Mers & des Galéres dont l'usage n'est bon qu'en celle que la Nature semble avoir reservée expressément entre les Terres pour l'exposer à moins de tempêtes & lui donner plus d'abri.

Jamais un grand Etat ne doit être en état de recevoir une injure sans pouvoir en prendre revanche.

Et partant l'Angleterre étant située comme elle est, si la France n'étoit puissante en Vaisseaux, elle pourroit entreprendre à son Préjudice ce que bon lui sembleroit, sans crainte du Retour.

Elle pourroit empêcher nos Pêches, troubler nôtre Commerce, & faire, en gardant l'Embouchure de nos grandes Riviéres, payer tel Droit que bon lui sembleroit aux Marchands.

Elle pourroit descendre impunément dans nos Isles, & même dans nos Côtes.

Enfin la Situation du Païs Natal de cette Nation Orgüeilleuse, lui ôtant tout lieu de craindre les plus grandes Puissances de la Terre, l'ancienne Envie qu'elle a contre ce Royaume, lui don-

donneroit apparemment lieu de tout ôter, lorsque nôtre Foiblesse nous ôte-roit tout moyen de rien entreprendre à son Préjudice.

L'Insolence qu'elle fit du tems du Feu Roi au Duc de Sully, oblige à se mettre en état de n'en plus souffrir de pareille.

Ce Duc choisi par HENRI le Grand, pour faire une Ambassade Extraordinaire en Angleterre, s'étant embarqué à Calais dans un Vaisseau François qui portoit le Payillon François au grand Mât, ne fût pas plûtôt dans le Canal, que rencontrant une Ramberge, qui étoit pour le recevoir, celui qui la commandoit fit commandement au Vaisseau François de mettre le Pavillon bas.

Ce Duc croyant que sa Qualité le garentiroit d'un tel Affront, le réfusa avec Audace ; mais ce Réfus étant suivi de trois coups de Canon à Boulets, lui perçant le Vaisseau percérent le Cœur aux bons François, la Force le contraignit à ce dont la Raison le devoit deffendre, & quelque Plainte qu'il pût faire, il n'eut jamais d'autre Raison du Capitaine Anglois, sinon que comme son Devoir l'obligeoit à honorer sa Qualité d'Ambassadeur, il l'obligeoit aussi à faire rendre au Pavillon de son Maître l'Honl'Honneur qui étoit dû au Souvérain de la Mer.

Si les Paroles du Roi Jacques furent plus Civiles, elles n'eurent pourtant pas autre effet, que d'obliger le Duc à tirer satisfaction de sa Prudence, feignant être gueri, lors que son Mal étoit plus cuisant, & que sa Playe étoit incutable.

Il fallut que le Roi vôtre Pére usât de Dissimulation en cette occasion; mais avec cette résolution une autre fois de soûtenir le Droit de sa Couronne, par la Force, que le tems lui donneroit le moyen d'acquerir sur la Mer.

Je me représente ce Grand Prince, projettant en cette Occurrence, ce que V. M. doit exécuter maintenant.

La Raison veut qu'on prenne un Expédient, qui sans intéresser aucune des Couronnes, donne lieu à la Conservation de la bonne Intelligence qui est désirable entre tous les Princes de la Chrétienté.

Entre beaucoup qui peuvent être proposez, ceux qui suivent sont à mon avis les plus pratiquables.

On pourroit convenir, que les Vaisseaux François rencontrant les Anglois sur les Côtes d'Angleterre, saluëroient les premiers, & baisseroient le Pavillon;

lon ; & lors que les Vaisseaux Anglois
rencontreroient les Vaisseaux François
sur les Côtes de France , ils leur ren-
droient les mêmes Honneurs , à condition , que lors que les Flotes Angloises
& Françoises , se rencontreroient hors
des Côtes des deux Royaumes , châcu-
ne feroit sa Route sans aucune Céré-
monie , que de s'envoyer réciproque-
ment réconnoître , par quelques Pata-
ches ; qui ne s'approcheroient qu'à la
portée du Canon.

On pourroit aussi arrêter , que sans
avoir égard aux Côtes de France &
d'Angleterre , la Flotte plus nombreu-
se en Vaisseaux de Guerre seroit saluée
de celle qui le seroit le moins , soit en
baissant le Pavillon , ou en ne le baissant
pas.

Quelque Expédient qu'on trouve en
ce sujet , pourvû qu'il soit égal de toutes
parts , il sera Juste , si V. M. est Forte à
la Mer , ce qui sera raisonnable , sera
tel aux Anglois , tellement aveuglez en
telle Matière , qu'ils ne connoissent autre Equité que la Force.

L'Utilité que les Espagnols , qui font
Gloire d'être nos Ennemis présents ,
tirent des Indes , les oblige d'être Forts
à la Mer Océane.

La Raison d'une bonne Politique,
ne

ne nous permet pas d'y être Foibles; mais elle veut que nous soyons en Etat de nous oppofer aux Deffeins qu'ils pourroient avoir contre nous , & de traverfer leurs Entreprifes.

Si V. M. eft Puiffante à la Mer , la jufte Apprehenfion qu'aura l'Efpagne de voir attaquer fes Forces , unique fource de fa Subfiftance : qu'on defcende dans fes Côtes , qui ont plus de fix cens lieuës d'étenduë : qu'on furprenne quelques-unes de fes Places, toutes Foibles , qui font en grand nombre : cette Apprehenfion , dis-je, l'obligera à être fi Puiffante fur la Mer, & à tenir fes Garnifons fi Fortes, que la plus grande part du Revénu des Indes fe confommera en Fraix , pour avoir le tout , & fi ce qui lui reftera fuffit pour conferver fes Etats, au moins aura-t-on cet Avantage , qu'il ne lui donnera plus moyen de troubler ceux de fes Voifins, comme elle a fait jufqu'à préfent.

†Si V. M. eût été auffi Foible que fes Prédéceffeurs , elle n'eût pas reduit en Cendres, au milieu des Eaux, toutes les Forces que l'Efpagne put ramaffer en 1638. fur l'Océan.

Cette Superbe & Altiére Nation, n'eût pas été contrainte de fouffrir l'ab-

Partie I I.   F   baif-

(†) Combat de Gattari,

baissement de son Orgueil, aux Yeux
non seulement de toute l'Italie, mais
aussi de toute la Chrêtienté, qui voyant
arracher de ses mains par pure Force,
les Isles de Sainte Marguerite, & de
Saint Honorat, dont elle ne s'étoit renduë Maîtresse que par surprise, a vû en
même instant & d'un même œil, la
Honte de cette Nation Insolente, &
la Gloire & la Réputation de la vôtre.

Elle n'eût pas enfin, sur les Mers de
Génes, donné ce Célébre Combat de
Galéres, qui donnant de la terreur à ses
Ennemis, a augmenté l'Amour & l'E-
stime de ses Alliez, & imprimé tant de
révérence aux Indifférens, que le Poids
du Respect les tira tout à fait de son
côté.

VÔTRE MAJESTÉ, ayant des Alliez si
éloignez de ce Royaume, qu'on ne peut
avoir communication avec eux que par
la Mer, s'ils voyoient la France dénuée
des moyens nécessaires pour les secou-
rir en certaines occasions, il seroit aisé
aux Envieux du Bonheur des uns & des
autres, de mettre la même Division
entre les Esprits, qu'il y a entre les
Etats ; au lieu que si vos Forces Mari-
times sont considérables, quoy que di-
visées quant au lieu où ils demeureront
étroitement unis de Cœur & d'Affection
à cet Etat.   Il

Il semble que la Nature ait voulu offrir l'Empire de la Mer à la France, pour l'avantageuse Situation de ses deux Côtes, également pourvûës d'excellens Ports aux deux Mers, Océane & Méditerranée.

La seule Brétagne contient les plus beaux qui soient dans l'Océan ; & la Provence, qui n'est que de huit vint mille d'étenduë, en a beaucoup plus de grands & d'assûrez que l'Espagne & l'Italie tout ensemble.

La Séparation des Etats, qui forment le Corps de la Monarchie Espagnole, en rend la conservation si mal aisée, que pour leur donner quelque Liaison, l'unique moyen qu'ait l'Espagne, est l'entreténement de grand nombre de Vaisseaux en l'Océan, & de Galéres en la Mer Méditerranée, qui par leur Trajet continuel réunissent en quelque façon les Membres à leur Chef ; portent & raportent les choses nécessaires à leur Subsistance ; comme les Ordres de ce qui doit être entrepris, les Chefs pour commander, les Soldats pour exécuter, l'Argent qui est non seulement le Nerf de la Guerre, mais aussi la Graisse de la Paix ; d'où il s'ensuit, que si l'on empêche la Liberté de tels Trajets, ces Etats qui ne peuvent sub-

F 2   sister

fiſter d'eux-mêmes , ne ſçauroient éviter la Confuſion , la Foibleſſe , & toutes les Déſolations dont DIEU ménace un Royaume diviſé.

Or comme la Côte de Ponant de ce Royaume , ſepare l'Eſpagne de tous les Etats poſſedés en Italie par leur Roy , ainſi il ſemble que la Providence de DIEU , qui veut tenir les choſes en balance , a voulu que la Situation de la France ſeparât les Etats d'Eſpagne, pour les affoiblir en les diviſant.

Si V. M. a toûjours dans ſes Ports quarante bons Vaiſſeaux bien outillez & bien équipez , prêts à mettre en Mer aux premiéres occaſions qui ſe préſenteront, elle en aura ſuffiſamment pour ſe garentir de toute Injure , & ſe faire craindre dans toutes les Mers , par ceux qui juſqu'à préſent y ont mépriſé ſes Forces.

Comme les Vaiſſeaux ronds ſont néceſſaires à cette Fin dans la Mer Oceane, les Galéres Vaiſſeaux légers , qui à force de Rames font de grandes Courſes dans les Calmes , plus ordinaires dans la Méditerranée qu'ailleurs, le ſont autant dans la Mer de Levant.

Avec trente Galéres V. M. ne balancera pas ſeulement la Puiſſance d'Eſpagne , qui peut par l'Aſſiſtance de ſes

Al-

Alliez en mettre cinquante en Corps ; mais elle la furmontera par la Raifon de l'Union, qui redouble la Puiffance des Forces qu'elle unit.

Vos Galéres pouvant demeurer en Corps, foit à Marfeilles, foit à Toulon, elles feront toûjours en état de s'oppofer à la Jonction de celles d'Efpagne, tellement feparées par la Situation de ce Royaume, qu'elles ne peuvent s'affembler fans paffer à la vûë des Ports, & des Rades de Provence, & même fans y moüiller quelquesfois, à caufe des Tempêtes qui les furprennent à demi Canal, & que ces Vaiffeaux légers ne peuvent fupporter fans grand hazard, dans un Trajet fâcheux où elles font affez fréquentes.

Le Golfe de Leon eft le plus périlleux Trajet qui foit en toutes les Mers de Levant, l'inconftance & la contrariété des Vents, qui y regnent d'ordinaire, font qu'il eft difficile d'en trouver le Paffage affeuré, en quelque façon qu'on puiffe l'entreprendre.

Tout Tems forcé y eft trés-dangereux, & fi nos Côtes ne font point favorables à ceux qui les paffent, rarement font-ils le Trajet fans Péril.

La vraye Raifon du hazard qui fe trouve en ce Paffage, vient de la con-

tra-

trariété des Vents, caufée par divers Afpects des Côtes.

Plus une Côte eft montueufe & élevée, plus jette-t-elle de Vents, lorsque la chaleur de la Terre eft combatuë par la froideur & par l'humidité de l'Eau, ou de la Neige, dont elle eft couverte.

De là vient, que les Côtes de Provence qui font de cette Nature, étant toûjours pendant l'Hyver abbruvées de la Pluie, ou des Neiges, ne font jamais fans Vents, qui venans de la Terre, font toûjours contraires à ceux qui veulent les aborder.

Or comme ces Vents font contraires à l'abord des Vaiffeaux, auffi ne font-ils pas affés puiffans pour les reporter jufques aux Lieux dont ils font partis, parce qu'il fe troûve d'ordinaire d'autres Vents de Terre qui les en chaffent; d'où il arrive que par la contrarieté des Vents de nos Côtes & de celles d'Efpagne, les Vaiffeaux font jettez dans le Golphe, où le plus fouvent par un Tems forcé, leur Perte eft inévitable.

Pour venir d'Efpagne en Italie, les Vaiffeaux & les Galéres font toûjours leur Partance du Cap de Quiers, & du Golphe de Rofe, & attendent d'ordinaire le Ponant & Maiftral pour arriver
heu-

heureusement à la Côte de Gennes, ou à Morgues, qui est le premier Abord qu'ils font; mais bien qu'ils partent avec un Vent favorable, ils ne font jamais arrivez au Golphe, qu'il ne se trouve changé.

Si les Vents fautent au Labêche, où Myjour & Labêche, il faut de nécessité qu'ils relâchent dans les Côtes de Provence, ou s'ils passent au Siroch & Levant, il est impossible aux Galéres & Vaisseaux qui se trouvent prez de nos Côtes, ni d'achever leur Voyage en Italie, ni de regagner l'Espagne, & en Tems forcé c'est un Miracle, si elles ne se perdent sur les Digues de nos Côtes.

D'autre part, les Vaisseaux qui vont d'Italie en Espagne partent d'ordinaire de Morgues, qui est le dernier Port d'Italie.

Pour faire bon Voyage ils attendent le Maistral, & Tramontane, mais jamais ils ne font à my Golphe sans changement de Tems, & sans Péril tout ensemble; parce qu'un Siroch, ou une Tempête de Mi-jour, rend leur Perte inévitable, si nos Ports ne leur sont ouverts.

Ainsi si la France, est forte en Galéres & en Gallions tout ensemble, ils ne

peu-

peuvent faire aucun Trajet affeuré, étant certain qu'ils ne fçauroient entreprendre de faire Canal pendant l'Hyver, fans fe mettre en hazard de fe perdre, ou dans nos Côtes, ou dans la Barbarie, fi les Vents paffent tout-à-fait au Nord.

Et quand même le Grec, & Tramontane, les font courre vers Majorque & Minorque, & Maiftral, & Tramontane, les portent en Corfe, & Sardaigne, le plus fouvent la violence des Tempêtes les brife, & les perd, devant que de gagner l'Abri des Ifles qui leur font Favorables.

Et fi pour fe garentir de ce Péril, ils fe refolvent à attendre les Vents favorables pour rafer nos Terres, encore n'arrivera-t-il pas que de vint Trajets qu'ils tenteront, ils puiffent paffer une fois feulement, fans qu'un fi mauvais Tems ne les faffe donner à travers à nôtre vûë.

Et quand même ils pourroient être fervis d'un Vent fi favorable qu'ils n'auroient rien à craindre de la Mer, le moindre avis que nous aurons de leur Paffage nous donnera lieu de le traverfer, d'autant plus affeurément, que nous pouvons toûjours nous mettre à la Mer quand bon nous femble, & nous

re-

retirer fans Péril, quand le Tems nous
ménace, à caufe du Voifinage de nos
Ports, qu'ils n'ofent aborder.

Trente Galéres donneront cet Avantage à V. M. & fi à un tel Corps elle a-
joûte dix Gallions, vrayes Citadelles de
la Mer, redoutables aux Galéres, quand
ils ont un Vent favorable, à caufe que
leur Corps n'a point de proportion avec
la foibleffe de ces Vaiffeaux légers, &
qu'ils ne les craignent point dans les plus
grands Calmes, parce qu'étant pourvûs
d'auffi bons Canons que leurs Cour-
fiers, ils font en état de leur faire beaucoup de Mal, s'ils s'en approchent de
trop prez.

Quand le Roy d'Efpagne augmenteroit de moitié fes Forces en cette Mer,
ce qu'il ne peut faire fans une grande dépenfe, il ne feroit pas en état de reparer
le Mal que nous lui pourrions faire, à
caufe de l'union de nos Forces, & de la
divifion des fiennes.

Il n'y a rien qu'un tel Corps ne puiffe
entreprendre, il peut aller attaquer les
Armées d'Efpagne dans leurs Ports lorsqu'elles s'y affemblent, l'Expérience
nous ayant fait voir dans la reprife des
Ifles de Sainte Marguerite & de Saint
Honorat, que les Forterefles flotantes
prévalent aux plus affeurées de la Mer,

F 5   lors-

lors qu'on fçait s'en fervir hardiment.

Par ce moyen V. M. confervera la Liberté aux Princes d'Italie, qui ont été jufqu'à préfent comme Efclaves du Roi d'Efpagne.

Elle redonnera le Cœur à ceux qui ont voulu fécoüer le Joug de cette Tyrannie, qu'ils ne fuportent que parce qu'ils ne peuvent s'en délivrer, & fomentera la Faction de ceux qui ont le Cœur François.

Le Feu Roi vôtre Pére, ayant donné charge à Mr. d'Alincourt de faire reproche au Grand Duc Férdinand, de ce qu'aprez l'Alliaince qu'il avoit contractée avec lui, par le Mariage de la Reine vôtre Mere, il n'avoit pas laiffé de prendre une nouvelle Liaifon avec l'Efpagne: Le Grand Duc aprez avoir oüi patiemment ce qu'il lui dit fur ce Sujet, fit une réponfe qui fignifie beaucoup en peu de mots, & qui doit être confidérée par V. M. & par fes Succeffeurs; fi le Roy eût eu quarante Galéres à Marfeille, je n'euffe pas fait ce que j'ai fait.

La Porte que donne Pignerol à V. M. dans l'Italie, étant bien confervée, fi Elle s'en ouvre une autre par la Mer, le Tems & la Fermété qu'on verra dans vos Confeils, dont on appréhende le change-

gement à cause de la Légéreté de nôtre
Nation, changeront les Cœurs de beaucoup d'Italiens, ou pour mieux dire,
donneront le moyen de faire connoître
quels ils ont toûjours été.

L'Italie est considérée comme le
Cœur du Monde, & à dire le vray, c'est
ce que les Espagnols ont de plus grand
dans leur Empire, c'est le Lieu où ils
craignent le plus d'être attaquez & troublez, & celui auquel il est plus facile
d'emporter sur eux de notables Avantages, pourvû qu'on s'y prenne comme
il faut.

Et par conséquent, quand même on
n'auroit pas dessein de leur faire du Mal,
au moins faut il être en état de leur donner un contre-coup si prez du Cœur,
quand ils voudront faire quelques Entreprises sur la France, que leurs Bras
n'ayent plus assez de Force pour inten-
ter de malicieux Desseins contre Elle.

Cette Force ne tiendra pas seulement
l'Espagne en bride, mais elle fera que le
Grand Seigneur & ses Sujets, qui ne
mesurent la Puissance des Rois éloignez, que par celle qu'ils ont à la Mer,
feront plus soigneux qu'ils n'ont été
jusqu'à présent, d'entretenir les Traitez faits avec eux.

Alger, Thunis, & toute la Côte de

Bar-

Barbarie, refpecteront & craindront vôtre Puiffance ; au lieu que jufqu'à préfent ils l'ont méprifée avec une Infidélité incroyable.

En ce Cas, ou les Barbares vivront volontairement en Paix avec les Sujets de V. M. ou s'ils ne font pas affez Sages pour venir à ce Point, on les contraindra par la Force, à ce à quoy ils n'ont pas voulu condefcendre par la Raifon.

Au lieu qu'à préfent que nous penfons n'avoir pas la Guerre avec eux, nous en recevons tous les Maux, & nous ne joüiffons pas de la Paix, ni de la Moiffon qu'elle nous devroit caufer ; nous trouverons le Calme & la Seureté dans la Guerre, trés-avantageufe avec des Gens dont l'Infidélité naturelle eft fi grande, qu'on ne peut s'en garentir que par la Force.

Il refte à voir de combien peut-être la Dépenfe néceffaire à l'Entretien du nombre des Vaiffeaux projettez cy-deffus, laquelle pour grande qu'elle foit, doit être eftimée petite, en comparaifon des Avantages que nous en recevrons ; Cependant elle peut être faite avec tant d'Avantage & de Ménage, qu'on pourra la foûtenir avec deux millions cinq cent mille livres, felon que les Etats qui feront inférez à la fin de cet Ouvrage, le vérifient.   SEC-

SECTION VI.

Qui traite du Commerce, comme une Dépendance de la Puissance de la Mer, & spécifie ceux qu'on peut faire commodement.

C'EST un dire commun, mais véritable, qu'ainsi que les Etats augmentent souvent leur étenduë par la Guerre, ils s'enrichissent ordinairement dans la Paix par le Commerce.

L'Opulence des Hollandois qui à proprement parler, ne sont qu'une poignée de Gens reduits à un coin de la Terre où il n'y a que des Eaux & des Prairies, est un exemple, & une preuve de l'Utilité du Commerce, qui ne reçoit point de contestation.

Bien que cette Nation ne retire de son Pays que du Beure & du Fromage, elle fournit presque à toutes les Nations de l'Europe la plus grande partie de ce qui leur est nécessaire.

La Navigation l'a renduë si Célébre & si puissante par toutes les Parties du Monde : qu'après s'être renduë Maîtresse du Commerce aux Indes Orientales, au préjudice des Portugais qui y étoient de long-temps établis. Elle ne

don-

donne pas peu d'affaires aux Espagnols dans les Indes Occidentales, où elle occupe la plus grande partie du Brésil.

Comme en Angleterre le plus grand nombre de ceux qui sont les moins accommodez se maintiennent par les Pescheries ordinaires ; Les plus Puissants font un plus grand Trafic en toutes les parties de la Terre, par la Manufacture de leurs Draps, & par le Débit du Plomb, de l'Étain, & du Charbon de terre que produit leur Pays. Il n'y a que le seul Royaume de la Chine, dont l'entrée n'est permise à personne, auquel cette Nation n'a pas de lieu établi pour son Trafic.

La Ville de Génes qui n'a que des Rochers en partage, fait si bien valoir son Négoce, qu'on peut sans contredit la dire la plus Riche Ville d'Italie, si le Secours d'Espagne *.........†

La seule France pour être trop abondante en elle-même, a jusques à présent négligé le Commerce, bien qu'elle le puisse faire faire aussi commodément que ses Voisins, & se priver par ce moyen de l'assistance qu'ils ne lui donnent en cette occasion qu'à ses propres dépens.

Les Pescheries de la Mer Oceane font

---

† Le Manuscrit en cet endroit est defectueux.

font le plus facile & le plus utile Commerce qui puisse être fait en ce Royaume. Il est d'autant plus nécessaire qu'il n'y a point d'Etat au Monde si peuplé que la France.

Que le nombre de ceux qui s'y trouvent dévoyez du chemin du Salut est fort petit à proportion des Catholiques, qui vivans sous les Loix de l'Eglise Romaine, s'abstiennent un tiers de l'année de l'usage des Viandes.

Et qu'on ne s'y sert point de Dispenses pratiquées en Espagne, pour manger en tout tems de la Viande, sous un Titre spécieux.

Le Commerce nous est d'autant plus aisé, que nous avons un grand nombre de Matelots, qui jusqu'à présent ont été chercher Emploi chez nos Ennemis pour n'en trouver pas en leur Pays, & nous n'en tirons présentement que le fruit des Morües & des Harans. Mais ayant dequoi occuper nos Mariniers, au lieu d'être contraints de fortifier nos Ennemis en nous affoiblissant, nous pourrons porter en Espagne & autres Pays Etrangers, ce qu'ils nous ont apporté jusqu'à présent par le moyen des nôtres qui les servent.

La France est si fertile en Bled, si abondante en Vin, & si remplie de Lins

& de

& de Chanvres pour faire les Toiles
& Cordages néceſſaires à la Navigation,
que l'Eſpagne, l'Angleterre, & tous
les autres Etats Voiſins ont beſoin d'y a-
voir recours.

Et pourvû que nous ſçachions nous
bien aider des Avantages que la Nature
nous a procuré, nous tirerons l'argent
de ceux qui voudront avoir nos Marchandiſes qui leur ſont ſi néceſſaires, &
nous ne nous chargerons pas beaucoup
de leurs Denrées, qui nous ſont ſi peu
Utiles.

Les Draps d'Eſpagne, d'Angleterre, & de Hollande ne ſont néceſſaires
que pour le Luxe; Nous en pouvons
faire d'auſſi beaux qu'eux, tirant les
Laines d'Eſpagne comme ils ſont. Nous
pouvons même les avoir plus commodement, par le moyen de nos Grains &
de nos Toiles, ſi nous voulons les prendre en Echange pour faire double gain.

* Nos Roys s'étant bien paſſez des
Draps de Berry, nous pouvons bien
maintenant nous contenter du Drap du
Sçeau & de Meûnier, qu'on fait maintenant en France, ſans recourir à ceux
des Etrangers, dont par ce moyen on
abolira l'uſage, ainſi que les Râs de
Châ-

---

† Les Draps du Sceau ſe font à Roüen, & les
Draps de Meûnier ſe font à Romorantin.

Châlons, & de Chartres ont aboli ceux
de Milan.

En effet, les Draps du Sçeau font ſi
bien reçeus en Levant, qu'aprés ceux
de Venize faits de Laine d'Eſpagne, les
Turcs les préférent à tous autres. Et les
Villes de Marſeille & de Lyon en ont
toûjours fait juſques à préſent un fort
grand Trafic.

La France eſt aſſez Induſtrieuſe pour
ſe paſſer ſi elle veut des meilleures Manufactures de ſes Voiſins. On fait à
Tours des Pannes ſi belles, qu'on les
envoye en Eſpagne, en Italie, & autres Pays Etrangers. Les Taffetas unis
qu'on y fait auſſi ont un ſi grand Débit
par toute la France, qu'il n'eſt pas beſoin d'en chercher ailleurs. Les Velours
Rouges, Violets, & Tannés s'y font
maintenant plus beaux qu'à Génes.
C'eſt auſſi le ſeul endroit où il ſe fait des
Sarges de Soye. La Moire s'y fait auſſi
belle qu'en Angleterre; les meilleures
Toiles d'Or s'y font plus belles, & à
meilleur marché qu'en Italie.

Ainſi il nous ſera fort aiſé de nous
priver de ce Commerce qui ne peut
nous ſervir qu'à fomenter nôtre fainéan-
tiſe & à nourir nôtre luxe, pour nous
attacher ſolidement à celui qui peut augmenter nôtre Abondance, & occuper
nos

nos Mariniers, de telle sorte que nos Voisins ne se prévalent pas de nos Travaux à leurs Dépens.

Outre ceux ci-dessus spécifiez qui sont les meilleurs de la Mer Océane, on en peut faire plusieurs autres.

Celui des Pelleteries de Canada est d'autant plus utile qu'on n'y porte point d'argent, & qu'on le fait en Contrechange des Denrées qui ne dépendent pourtant que des Ouvriers, comme sont les Etuis de Ciseaux, Couteaux, Canivets, Eguilles, Epingles, Serpes, Coignées, Monstres, cordons de Chapeau, Aiguillettes, & toutes autres sortes de Merceries du Palais.

Celui de la côte de Guinée en Afrique, où les Portugais ont long-tems occupé une Place nommée Castel de Mine, que les Holandois de la compagnie des Indes Occidentales leur ont enlevé depuis deux ou trois ans, est de semblable nature, en ce qu'on n'y porte que de la Quincaillerie, des Canevats, & de méchantes Toiles, & on en tire de la Poudre d'or que les Négres donnent en Echange.

Les Marchands de Roüen ont autrefois fait un commerce de Toiles, & de Draps dans le Royaume de Fez & de Maroc, par le moyen duquel on tiroit une grande quantité d'Or.   Si

Si les Sujets du Roi étoient forts en Vaiſſeaux, ils pourroient faire tout le Trafic du Nord, que les Flamans & Hollandois ont atiré à eux, parce que tout le Nord ayant abſolument beſoin de Vin, de Vinaigre, d'Eau de Vie, de Chataignes, de Prunes, & de Noix; toutes Denrées dont le Royaume abonde, & qui ne s'y peuvent conſommer; il eſt aiſé d'en faire un Commerce d'autant meilleur, qu'on peut rapporter des Bois, des Cuivres, du Bray, & du Goldron; choſes non ſeulement utiles à nôtre uſage, mais néceſſaires à nos Voiſins, qui ne les ſçauroient tirer d'eux ſans nos Marchandiſes, s'ils ne veulent perdre le Fret de leurs Vaiſſeaux en y allant.

Je n'entre point dans le détail du Commerce qui ſe peut faire aux Indes Orientales & en Perſe, parce que l'humeur des François étant ſi prompte qu'elle veut la Fin de ſes Déſirs auſſitôt qu'elle les a conceus. Les voyages qui ſont de longue haleine ſont peu propres à leur naturel.

Cependant comme il vient grande quantité de Soye, & de Tapis de Perſe, beaucoup de curioſitez de la Chine, & toutes ſortes d'Epiceries de divers lieux de cette partie du Monde, qui

nous

nous font d'une grande Utilité, ce Négoce ne doit pas être négligé.

Pour faire un bon Etabliſſement ; il faudroit envoyer en Orient deux ou trois Vaiſſeaux, commandez par des Perſonnes de Condition, Prudentes & Sages, avec Patentes & Pouvoirs néceſſaires, pour traiter avec les Princes, & faire Alliance avec les Peuples de tous côtez, ainſi qu'ont fait les Portugais, les Anglois & les Flamens.

Ce Deſſein réüſſiroit d'autant plus infailliblement que ceux qui ont pris pied dans ces Nations, en ſont maintenant fort haïs, ou parce qu'ils les ont trompés, ou parce qu'ils les ont aſſujettis par force.

Quand à l'Occident, il y a peu de Commerce à faire. Drack, Thomas Candich, Sperberg, l'Hermite, le Maire, & le Feu M. Comte Maurice qui y envoya douze Navires de cinq cent Tonneaux, à Deſſein d'y faire Commerce, ou d'Amitié, ou de Force, n'ayant pû trouver lieu d'y faire aucun Etabliſſement. Il y a peu à eſpérer de ce côté-là, ſi par une Puiſſante Guerre on ne ſe rend Maître des lieux que le Roi d'Eſpagne y occupe maintenant.

Les petites Iſles de Saint Chriſtophle, & autres, ſituées à la Tête des Indes, peu-

peuvent rapporter quelque Tabac, quelques Pelleteries, & autres choſes de peu de conſéquence. *Il reſte à voir ce qui ſe peut faire dans la Méditerranée.

J'a-

*COMMERCE DE LA MER MEDITERRANE'E

Memoire des divers Commerces qui ſe font en Levant.

Napoli de Romanie.

Les François y portent quelques Marchandiſes & Argent, & en raportent des Soyes, des Maroquins, des Laines, de la Cire & des Fromages, dont partie ſe diſtribüe & ſe débite en Italie.

Satalie.

Les François n'y portent que de l'Argent, & raportent des Cotons, des Cirés, des Maroquins de toutes ſortes.

Smirne.

Les François y portent beaucoup plus de Marchandiſes que d'argent, d'autant qu'on y débite quantité de Marchandiſes pour Chio, l'Archipel & Conſtantinople. Les Marchandiſes que l'on y porte ſont Papiers, Bonnets, Draps de Paris, de Languedoc, Bois de Breſil, de la Cochenille, des Epiceries, des Satins qui ſe fabriquent à Lion; & on en raporte quelquefois des Soyes de Perſe, & des Rhubarbes que les Perſans y aménent, des Cotons filez en Laine, des Cires, du Maſtic, & des Tapis groſſiers.

Pré
S

Prés de Smirne il y a un Port nouvellement découvert, & nommé......

Scala Nova.

Quelquefois nos Vaiſſeaux y chargent des Bleds & des Legumes.

Conſtantinople.

Les François y portent quantité de Marchandiſes, qui ſont les mêmes qu'on apporte à Smirne, hormis des Etoffes d'Or, d'Argent & de Soye, deſquelles il y a grand débit, & fort rarement de l'Argent; Ils en rapoortent des Cuirs & des Laines, n'y ayant autre choſe; Et ſouvent pour ne trouver pas à employer des Marchandiſes qu'on a venduës, on en envoye l'Argent à Smirne pour y être employé, ou bien on le remet par Lettres de Change à Alep, où il y a toûjours quantité de Marchandiſes à acheter pour porter en la Chrêtienté.

Isle de Chipre.

Où il y a divers Ports; On y porte de l'Argent, quelques Draps & Bonnets; & on en rapoorte des Cotons filez en Laines, des Soyes qu'on fait en ladite Isle, & quelques Drogues.

Alexandrette & le Port d'Alep.

De France on y porte grande quantité de Marchandiſes & d'Argent. Ces Marchandiſes ſont toutes les mêmes qu'on porte à Smirne. Et on en rapoorte grande quantité de Soyes & Drogues, toutes ſortes de Cotons, des Gâles, des Maroquins, qu'on appelle de Levant, Rouges, Jaunes & Bleus, des

Tol-

Toiles de Coton , & quelquefois des Marchandises des Indes qu'on y apporte par la voye de Perse. Auparavant que les Anglois & Holandois allassent aux Indes , toutes les Soyes, Drogues & autres Marchandises de Perse venoient à Alep , d'où on les portoit à Marseille , qui après les débitoit par toute la France , l'Angleterre , Holande , & Allemagne. Et maintenant lesdits Anglois & Holandois nous ont ôté ce Commerce, & pourvoyent toute la France non seulement de Marchandises de Perse , mais encore des Terres du Grand Seigneur , qu'ils font passer par la Perse pour aller à Goa , où ils chargent.

Les Marchandises qu'on apporte du Levant, se débitent en Sicile , Naples , Gênes, Libourne , Majorque , & par toute l'Espagne , Flandres & Allemagne.

A Seyde , au Port de Tripoly , Barut & S. Jean d'Acre.

On y porte de France quelque peu de Marchandises & presque tout en Argent; On en raporte force Soyes, Cotons filez , des Cendres propres à faire du Savon, des Drogues qui viennent de Damas , quelquefois il s'y charge du Ris; & quand la Recolte des Bleds est bonne , on en laisse charger sur nos Vaisseaux.

Alexandrie , le Port d'Egypte , & le Grand Caire.

Les François y portent quelques Marchandises de France , comme Draps , Papiers ,
Bre-

Bresil, Cochenille; mais plus d'Argent que
de Marchandises; on en raporte du Natron,
des Drogues de diverses sortes, & la plûpart
des Marchandises qui se débitent en Italie,
ou en Espagne.

Autrefois audit Alexandrie par la Mer
Rouge venoient toutes les Epiceries qui se
portoient à Marseille; & maintenant que les
Anglois & Holandois vont aux Indes, il faut
que nous les tirions de leur Païs.

Thunis.

On y porte de Marseille du Vin, du Miel,
du Tartre, des Draps, des Papiers, & autres Marchandises, & rarement de l'Argent;
& on en raporte des Cuirs & des Cires.

Alger, & Ports Voisins.

On y porte quelquefois des mêmes Marchandises qu'à Thunis; & on en raporte aussi
des Cuirs & des Cires.

J'avoüe que j'ai été long-tems trom-
pé au Commerce que les Provençaux
font en Levant.

J'estimois avec beaucoup d'autres,
qu'il étoit préjudiciable à l'Etat, fondé
sur l'opinion Commune, qu'il épuisoit
l'argent du Royaume; pour ne rapporter que des Marchandises non nécessaires, mais seulement utiles au Luxe de
nôtre Nation.

Mais aprés avoir pris une exacte connoissance de ce Trafic, condamné de la
Voix Publique, j'ai changé d'avis, sur

de

de si solides Fondemens , que quiconque les connoîtra, croira certainement que je l'ai fait avec Raison.

Il est certain que nous ne pouvons nous passer de la plûpart des Marchandises qui se tirent du Levant, comme les Soyes , les Cotons , les Cires, les Maroquins, la Rhubarbe, & plusieurs autres Drogues qui nous sont nécessaires.

Il est certain que si nous ne les allons quérir , les Etrangers nous les apportent , & tirent par ce moyen le Profit que nous pourrions faire par nous-mêmes.

Il est encore certain que nous portons beaucoup moins d'Argent en Levant que de Marchandises Fabriquées en France : nos Chanvres , nos Toiles , nos Bois à faire des Vaisseaux, y sont plus recherchez que l'Argent.

Tous ceux qui sçavent ce qui se passe au Négoce du Levant, sçavent certainement que l'Argent qu'on y porte n'est pas du crû de France, mais d'Espagne, d'où nous le tirons par le Trafic des mêmes Marchandises que nous apportons du Levant ; ce qui est grandement à remarquer.

Ils sçavent que plus la Ville de Marseille a fait le Négoce du Levant , plus a-t-elle d'argent.

Que les Soyes & les Cotons filez qui
font les principales Marchandises qui
viennent du Levant, fe manœuvrent
en France, & fe tranfportent aprés aux
Païs Etrangers, avec Profit de Cent
fur le prix de l'Achat de la Manufacture.

Qu'il nous conferve beaucoup de
Matélots utiles dans la Paix, & néceffaires dans la Guerre.

Enfin que les Droits d'Entrée & de
Sortie que l'on y reçoit de ce Commerce font grands.

Et partant il faudroit être Aveugle
pour ne connoître pas que ce Trafic
n'eft pas feulement Avantageux, mais
qu'il eft tout à fait Néceffaire.

Quelque Utilité que puiffe apporter
le Commerce des deux Mers, jamais
les François ne s'y attacheront avec
Ardeur, fi on ne leur fait voir les
Moyens auffi aifés que la Fin en eft
Utile.

Un des meilleurs Expédiens que l'on
puiffe prendre pour les animer à leur
propre Bien eft, qu'il Plaife à V. M.
leur vendre à bon marché tous les ans
de fes Vaiffeaux, à condition qu'ils s'en
ferviront au Trafic, & ne les pourront
vendre hors du Royaume.

Ce Moyen remédiant à leur Impa-
tien-

tience, qui ne leur permet pas d'attendre qu'un Vaisseau soit fait pour s'en servir, sera d'autant plus convenable, qu'il leur donnera lieu de Moissonner presque aussi-tôt qu'ils auront Semé.

Outre le profit des Particuliers, l'Etat recevra grand Avantage d'un tel ordre, en ce que les Marchands se trouveront dans six ans Considérables par le nombre de leurs Vaisseaux, & en Etat d'assister le Royaume s'il en a besoin, ainsi qu'il se pratique en Angleterre où le Roi se sert en cas de Guerre de ceux de ses Sujets, sans lesquels il ne seroit pas si Puissant qu'il est sur la Mer.

Au reste le nombre des Vaisseaux que V. M. désire entretenir, ne diminuëra pas, puisque les Atteliers Publics qu'Elle a trouvé bon qu'on rétablisse, en feront tous les ans autant qu'Elle voudra.

Il n'y a point d'Etat plus propre en Europe à construire des Vaisseaux que ce Royaume, abondant en Chanvres, Toiles, Fer, Cordages, & en Ouvriers que nos Voisins nous débauchent d'ordinaire, faute de leur donner occupation en cet Etat.

Les Riviéres de Loire, & de Garone sont des lieux si commodes aux At-

te-

teliers deſtinez à cette Fin, qu'il ſemb'e que la Nature l'ait euë devant les yeux en les formant.

Le bon marché des Vivres pour les Artiſans, & la commodité de diverſes Riviéres qui s'y déchargent, & apportent toutes choſes néceſſaires, juſtifient cette Propoſition.

Si enſuite de cet Expédient, V. M. trouve bon d'accorder au Trafic quelque Prérogative qui donne rang aux Marchands, au lieu que vos Sujets le tirent ſouvent de divers Offices, qui ne ſont bons qu'à entretenir leur oiſiveté, & flater leurs Femmes, Elle rétablira le Commerce juſques à tel Point, que le Public & le Particulier en tireront un grand Avantage.

Enfin, ſi outre ces deux Graces, on a un ſoin particulier de tenir les Mers de ce Royaume nettes de Corſaires, ce qui ſe peut faire aiſément; la France ajoûtera dans peu de tems à ſon abondance naturelle, ce que le Commerce apporte aux Païs les plus Stériles.

Pour aſſûrer l'Océan, il ne faut que ſix Gardes-Côtes de deux cens tonneaux, & ſix Pinaſſes bien Armées, pourvû que ce nombre de Vaiſſeaux ſoit toûjours à la Mer.

Et pour nettoyer la Mer du Levant,

il

il suffira de faire partir tous les ans vers le moins d'Avril, une Escadre de dix Galéres, qui tiennent la Route des Isles de Corsique & de Sardaigne, & qui côtoyent la Barbarie, jusques vers le Détroit, & reviennent par la même Route, pour se retirer seulement lors que la saison les y contraindra, auquel cas cinq ou six Vaisseaux bien équipés prendroit leur place pour faire leur Caravane pendant l'hyver.

SECTION VII.

Qui fait voir que l'Or & l'Argent sont une des principales & plus nécessaires Puissances de l'Etat : met en avant de rendre Puissant ce Royaume en ce genre : fait voir quel est son Revenu présent, & quel il peut être à l'avenir, en déchargeant le Peuple des trois Quarts du Faix qui l'accable maintenant.

ON a toûjours dit que les Finances sont les Nerfs de l'Etat ; & il est vrai que c'est le Point d'Archimede qui étant fermement établi, donne moyen de mouvoir tout le Monde.

Un Prince Nécessiteux ne sauroit entreprendre aucune Action Glorieuse,

&

& la nécessité engendrant le mépris, il ne sçauroit être en cet Etat sans être exposé à l'Effort de ses Ennemis & aux Envieux de sa Grandeur.

L'Or & l'Argent sont les Tyrans du Monde, & bien que leur Empire soit de soi-même injuste, il est quelquefois si raisonnable, qu'il faut en souffrir la Domination; & quelquefois il est si déréglé qu'il est impossible de n'en détester pas le joug comme du tout insuportable.

Il faut qu'il y ait, ainsi que je l'ai déja remarqué, de la proportion entre ce que le Prince tire de ses Sujets, & ce qu'ils lui peuvent donner, non seulement sans leur ruïne, mais sans une notable incommodité.

Ainsi qu'il ne faut point excéder la portée de ceux qui donnent, aussi ne faut-il pas exiger moins que la nécessité de l'Etat le requiert.

Il n'appartient qu'à des Pédans, & aux vrais Ennemis de l'Etat, de dire qu'un Prince ne doit rien retirer de ses sujets, & que ses seuls Trésors doivent être dans les Cœurs de ceux qui sont soûmis à sa Domination.

Mais il n'appartient aussi qu'à des Flateurs, & des vrayes Pestes de l'Etat & de la Cour, de souffler aux Oreilles

les des Princes , qu'ils peuvent exiger ce que bon leur semble , & qu'en ce Point leur Volonté est la Régle de leur Pouvoir.

Il n'y a rien de si aisé , que de trouver des Raisons plausibles , pour favoriser une Lévée , lors même qu'elle n'est pas juste , ni rien aussi de plus facile , que d'en produire d'apparentes , pour condamner celles qui sont les plus nécessaires.

Il faut être entiérement dépoüillé de Passion , pour bien juger & décider ce qui est raisonnable en telle occasion, & il n'y a pas peu de difficulté à trouver certainement le Point d'une juste Proportion.

Les Dépences absolument nécessaires pour la Subsistance de l'Etat, étant asseurées , le moins qu'on peut lever sur le Peuple est le meilleur.

Pour n'être pas contraint à faire de grandes Levées , il faut peu dépenser, & il n'y a pas de meilleur moyen , pour faire des Dépenses modérées , que de bannir toutes les Profusions, & condamner tous les moyens qui vont à cette Fin.

La France seroit trop Riche, & le Peuple trop Abondant , si elle ne souffroit point la Dissipation des Deniers

Pu-

Publics, que les autres Etats dépensent avec Réglé.

Elle perd plus, à mon avis, que des Royaumes qui prétendent quelque égalité avec elle, ne dépensent à leur ordinaire.

Un Ambassadeur de Venise me dit une fois un fort bon Mot à ce propos, en parlant de l'Opulence de la France, & il me dit, que pour la rendre Heureuse du tout, il ne lui souhaittoit autre chose, sinon, qu'elle sçût aussi bien dépenser ce qu'elle dissipoit sans raison, que la République sçavoit bien n'employer pas un seul Quadrain, sans besoin, & sans beaucoup de ménage.

Si l'on pouvoit régler l'Appétit des François, j'estimerois que le meilleur moyen de ménager la Bourse du Roy, seroit de recourir à cet Expédient, mais étant impossible de donner des Bornes à la Convoitise des Esprits déréglez, comme sont les nôtres, le seul moyen de les contenir, est de les traiter comme les Medecins font les Malades affamez, qu'ils contraignent à l'Abstinence, en leur retranchant toutes sortes de Vivres.

Pour cet effet, il faut réformer les Finances, par la suppression des principales

pales Voyes, par lesquelles on peut tirer illicitement les Déniers des Coffres
du Roi.

Entre toutes il n'y en a point de si
dangéreuses que celle des Comptans,
dont l'Abus est venu jusqu'à tel Point,
que n'y remether pas, & perdre l'Etat,
est une même chose.

Bien qu'il soit utile d'en user en quelques occasions, & qu'il semble nécessaire en d'autres; néanmoins les grands
inconvéniens & les abus qui en arrivent surpassent tellement leur Utilité,
qu'il est absolument nécessaire de les
abolir.

† On épargnera par ce moyen des
millions entiers, & on remédiera à mille Profusions cachées, qu'il est impossible de connoître tant que les voyes secrétes de dépenser les Trésors Publics
feront en usage.

Je sçais bien qu'on dira, qu'il y a certaines Dépences étrangeres, qui par
leur nature doivent être secrétes, & dont
l'Etat peut tirer beaucoup de fruit, duquel il sera privé toutes les fois que ceux
en faveur de qui elles pourront être faites, peniseront n'en pouvoir plus tirer
d'Argent.

Mais sous ce Prétexte il se fait tant de

(†) Argent en Coffres.

voléries , qu'aprez y avoir bien pensé,
il vaut mieux fermer la Porte à quelque
Utilité qu'on peut en recevoir en quelques occasions , que la laisser ouverte à
tant d'Abus qui se peuvent commettre à
tous momens à la ruïne de l'Etat.

Cependant pour n'interrompre pas
les moyens de faire quelques Dépences
secrétes à son avantage , on peut laisser la liberté à un million d'or pour les
Comptans , à condition que l'employ
soit signé par le Roy même , & que ceux
qui en auront été participans en donnent
quitance.

Si on met en avant que les Comptans
sont nécessaires , pour faire passer les
Remises qui sont en usage , je dis que
c'est une des Raisons pour laquelle il les
faut ôter.

Si on a vécu aux Siécles passez sans les
Comptans , on vivra bien encore sans
eux, & si en bannissant l'Usage , on ban-
nit aussi celui des Partis en tems de Paix,
tant s'en faut que ce soit un Bien qui
cause un Mal , ce sera un Bien qui en
causera un autre.

On demandera peut-être , pourquoi
connoissant l'Usage des Comptans
mauvais , je ne l'ai pas fait retrancher de
mon tems.

Le Grand HENRI connoissoit le
Mal

Mal établi du vivant de son Prédécesseur, & ne l'a pû ôter.

Les Troubles & les Emotions intestines, les Guerres étrangéres, & par conséquent les grandes Dépences, & les Partis extraordinaires qu'il a fallu faire, n'ont pas permis de penser à l'exécution d'un si bon Conseil.

Ruïner le Parti Huguenot, ravaler l'Orgueil des Grands, soûtenir une grande Guerre contre des Ennemis Puissans, pour asseurer enfin par une bonne Paix le Repos pour l'avenir, sont tous moyens dont on s'est servi pour parvenir aux Fins qu'on se propose, puis que c'est retrancher les causes de la tolérance de ces Abus.

Le sujet des Comptans, m'ayant donné lieu de parler des Partis extraordinaires, il m'est impossible de ne pas dire, que tant s'en faut que les grandes augmentations du Revenu qu'on peut faire par cette voye, soient Avantageusés à l'Etat, qu'au contraire elles sont préjudiciables, & l'appauvrissent au lieu de l'enrichir.

Peut être que d'abord cette Proposition sera tenuë pour un Paradoxe ; mais il est impossible de l'examiner soigneusement, sans en connoître la Justice & la Vérité.

L'Au-

L'Augmentation du Révénu du Roi ne se peut faire que par celle de l'Impôt, qu'on met sur toutes sortes de Danrées, & partant il est clair que si on accroît par ce moyen la Récepte, on accroît aussi la Dépence, puis qu'il faut achetter plus cher ce qu'on avoit auparavant à meilleur marché.

Si la Viande encherit, si le Prix des Etoffes, & de toutes autres choses augmente, le Soldat aura plus de peine à se nourrir & entretenir, & ainsi il faudra lui donner plus grande Solde, & le Salaire de tous les Artisans sera plus grand qu'il n'étoit auparavant, ce qui rendra l'augmentation de la Dépence bien approchante de l'accroissement de la Récepte, & causera une grande Perte aux Particuliers, pour un Gain fort médiocre que fera le Prince.

Par là le pauvre Gentilhomme, dont le Bien ne consiste qu'en Fonds de Terre n'augmentera point son Révénu par tels Impôts; les Fruits de la Terre demeureront presque toûjours à un même Prix, principalement à son égard, & si le cours du tems les fait encherir, l'excez du Prix en rendra le Débit bien moindre, ce qui fera qu'au bout de l'an la pauvre Noblesse ne trouvera pas d'augmentation en son Révénu, mais bien

bien en fa Dépence, entant que les nouveaux Sublides auront de beaucoup en-
cheri toutes chofes néceffaires à l'entretenement de fa Famille, qu'il pourra
bien encore faire fubfifter fans fortir de
chez lui, quoi qu'avec néceffité, mais
non plus envoyer fes Enfans dans les
Armées pour y fervir le Roi & fon Païs,
felon l'obligation de leur Naiffance.

S'il eft vrai, comme c'eft une chofe bien certaine, que le Débit de ce qui
eft en Commerce parmi les Sujets, diminuë à mefure qu'on en augmente les
Impôts, il pourra arriver que telles
augmentations diminueront les Droits
du Royaume, au lieu de les augmenter.

S'il eft queftion de ce qui fe confom-
me dans le Royaume, il eft certain
que lors que les Marchandifes font à
un Prix raifonnable on en achette davantage, & qu'en effet on dépence
plus; au lieu que fi le Prix en eft excef-
fif, on s'en retranche même les plus néceffaires.

Si d'autre part il s'agit des Danrées
qui fortent du Royaume, il eft clair
que les Etrangers attirez jufqu'à préfent
à enlever nos Marchandifes, pour la
médiocrité du Prix, fe pourvoiront ailleurs s'ils y trouvent leur avantage, ce

qui

qui laiſſera bien la France pleine de
Fruits de la Terre , mais dépourvûë
d'Argent , au lieu que ſi les Impôts ſont
modérés , la grande quantité de fruits
qui ſeront enlévez par les Etrangers,
récompenſera la Perte qu'on pourroit
eſtimer être cauſée par la modération
des Subſides.

Il y a plus, l'augmentation des Impôts eſt capable de réduire un grand
nombre des Sujets du Roi à la Fainéan-
tiſe , étant certain que la plus grande
partie du pauvre Peuple & des Artiſans
employez aux Manufactures , aimeront mieux demeurer oiſifs & les bras
croiſez, que de conſommer toute leur
vie en un Travail ingrat & inutile, ſi la
grandeur des Subſides empéchant le
Débit des Fruits de la Terre , & de
leurs Onvrages , les empéche auſſi par
même moyen de recevoir celui de la
Sueur de leur Corps.

Pour reprendre le fil de mon Diſ-
cours, aprés avoir condamné l'abus des
Comptans, & fait voir que l'augmentation eſt quelques-fois non ſeulement
inutile , mais ſouvent préjudiciable;
Je dis qu'il doit y avoir une proportion
Géométrique entre les Subſides & les
néceſſitez de l'Etat; c'eſt à dire, qu'on
ne doit impoſer que ce qui eſt du tout
néceſ-

néceſſaire pour la Subſiſtance du Royaume, en ſa Grandeur, & en ſa Gloire.

Ces derniers mots ſignifient beaucoup, puis que non ſeulement ils font
voir qu'on peut lever ſur les Peuples ce
qui eſt requis pour conſerver le Royaume en quelque Etat qu'il puiſſe être,
mais qu'on en peut encore tirer ce qui
lui peut être néceſſaire, pour le maintenir avec Luſtre & Réputation.

Cependant il faut bien ſe donner de
garde d'étendre ces derniéres conditions
juſqu'à tel point, que la ſeule Volonté
du Prince ſoit ſous ce Prétexte la Régle
de ces Levées, la Raiſon ſeule le doit
être; & ſi le Prince outrepaſſe les Bornes, tirant plus de ſes Sujets qu'il ne
doit, bien qu'en ce cas ils lui doivent
Obéiſſance, il en ſera reſponſable devant DIEU, qui lui en demandera un
Compte exact.

Au reſte il n'y a point de Raiſon Politique, qui puiſſe ſouffrir qu'on augmente les Charges du Peuple, pour
n'en tirer aucune Utilité; C'eſt cependant s'attirer les Malédictions Publiques, qui traînent aprés elles de grands
Inconvéniens, étant trés-certain que le
Prince qui tire plus qu'il ne doit de ſes
Sujets, ne fait autre choſe en épuiſant
leur

leur Amour & leur Fidélité, bien plus nécessaires à la Subsistance des Etats, & à la conservation de sa Personne, que l'Or & l'Argent, qu'il peut remettre en réserve dans ses Coffres.

Je sçais que dans un grand Etat il faut qu'il y ait toûjours des Déniers en réserve pour subvenir aux occasions imprévûes; mais cette Epargne doit être proportionnée à la Richesse de l'Etat, & à la quantité d'Or & d'Argent monnoyé qui court dans le Royaume; & si elle n'étoit faite sur ce Pied, la Richesse du Prince seroit en ce cas sa Pauvreté, puis que ses Sujets n'auroient plus de Fonds, soit pour entretenir le Commerce, soit pour payer les Droits, qu'ils doivent légitimement à leur Souverain.

Comme il faut être Soigneux d'amasser de l'Argent, pour subvenir aux nécessitez de l'Etat, & Religieux à le conserver, lors que les occasions ne se présentent pas à le dépencer, il faut être Libéral à l'Employer lors que le Bien Public le requiert, & le faire à tems & à propos, autrement le retardement en telles occasions coûte souvent cher à l'Etat, & fait perdre du tems qu'on ne recouvrera jamais.

On a vû souvent des Princes, qui
pour

pour conserver leur Argent, ont perdu
& leur Argent & leurs Etats tout ensemble, & c'est chose certaine que ceux
qui dépensent mal-volontiers, dépensent assez souvent plus que les autres,
parce qu'ils le font trop tard : Il ne faut
pas peu de Jugement pour connoître les
heures & les momens les plus importans, & tel est capable d'amasser, qui
pour n'être pas propre à la dépense peut
causer des Maux indicibles.

Or parce que les Maximes générales
sont toûjours inutiles , si on ne sçait
bien les appliquer aux Sujets particuliers; Il reste à voir :

Quel peut être le Révénu de ce Royaume.

Quelle peut être sa Dépence.

Quelle Réserve de Déniers il faut avoir en ses Coffres ; & jusqu'à quel
Point le Peuple peut & doit être soulagé.

Le Révénu de ce Royaume peut-être
considéré en deux façons.

Ou comme il peut être en tems de
Paix, sans changer l'avance des Déniers qui se tirent présentement des Réceptes & des Fermes générales, ni faire autre augmentation que celle qui se
peut, par la Réduction au Dénier seize, des vieilles Rentes qu'on voudra

coh·

conserver , & des Gages de certains Officiers , qui en souffriront plus volontiers la Diminution, que la Suppression de leurs Charges avec Remboursement.

Ou, comme il peut être, en faisant certains changemens, estimez si raisonnables & utiles par ceux à qui j'ay vû manier les Finances , qu'à leur Jugement on n'a à craindre d'autre opposition que celle de la Nouveauté.

† Sur le premiere Pied, l'Epargne peut faire compte de recevoir tous les ans trente-cinq millions , selon l'état qui s'ensuit.

De la Taille, dix-sept millions trois cent cinquante mil livres.

De

(†) Rentes créées sur la Ville au Dénier douze.

Sel , un million deux cent trente un mil quatre cent onze livres.

Aydés , huit cent cinquante-un mil livres.

Réceptes générales , quatre cent soixante & quatorze mil cent quatre-vingt-quatre livres.

Toutes ces Rentes ont été constituées depuis l'an 1551. jusqu'en 1558.

Du Règne de Henri IV. ni même de Henri III. il n'a été créé aucunes Rentes.

Il y a vingt trois Généralitez, en chaque Bureau vingt-quatre Officiers qui font en tout 552. chacun desquels ayant mille écus de Gages ; le tiers d'iceux revient à cinq cent cinquante deux mil livres.

De toutes les Gabelles , cinq millions deux cent cinquante mil livres.

Des Aydes , un million quatre cent mil livres.

De la Réduction des Rentes au Dénier seize , un million.

De la Réduction des Tréforiers de France aux deux tiers de ce qu'ils perçoivent de leurs Charges , laquelle ils souffriront volontiers , pourvû qu'ils soient asfûrez d'être délivrez des nouvelles Taxes desquelles ils font accablez à tous momens , cinq cent cinquante mil Livres.

Des Parties Casuelles, deux millions.

De la Ferme de Bourdeaux , huit cent mil livres.

De trois livres par muid de Vin entrant à Paris , sept cent mille livres.

Des trente sols anciens , & nouveaux dix sols de Vin, cinq cent trois mil livres.

De la Ferme des quarante cinq sols au lieu des Péages, cinq cent trois mil livres.

Des neuf livres dix-huit sols pour Tonneau de Picardie, cent cinquante quatre mil livres.

De la Ferme de Broüage, 250. mil livres.

De la Traite-Foraine de Languedoc,
Epicé-

Epiceries & Drogueries de Marseille, & deux pour cent, d'Arles, trois cent quatre-vingt mil livres.

Du Tiers Surtaux de Lion, soixante mil livres.

Des cinq grosses Fermes, deux millions quatre cent mil livres.

Des nouvelles Impositions de Normandie, deux cent quarante mil livres.

De celles de la Rivière de Loire, deux cent vingt-cinq mil livres.

De la Ferme du Fer, quatre-vingt mil livres.

Des Ventes des Bois ordinaires, cinq cent cinquante mil livres.

Des Domaines, cinq cent cinquante mil livres.

Sur le second Pied, en déchargeant entiérement le Peuple de dix-sept millions de livres, qui reviennent maintenant aux Coffres du Roy des lévées de la Taille, la Récepte peut monter à cinquante millions, ainsi que l'état suivant le justifiera clairement.

De l'Impôt à mettre sur le Sel, soit sur les Marais, en toutes les Provinces du Royaume, il en peut revenir au Roi, tous Frais faits, vingt millions.

Du sol pour livre de toutes les Marchandises & Danrées du Royaume, douze millions.

Des

Des Aydes, un million quatre cent mil livres.

De la Réduction de l'Achat des Rentes constituées à l'Hôtel de Ville, six millions.

De la Réduction des Tréforiers de France, cinq cent cinquante mil livres.

Des Parties Casuelles, deux millions.

De la Ferme de Bourdeaux, dix-huit cent mil livres.

Des trois livres pour muid de Vin entrant dans Paris, de nouvelle Imposition, sept cent mil livres.

Des trente fols anciens, & nouveaux dix fols d'Entrée pour châcun muid de Vin à Paris, cinq cent quatre vingt mil livres.

De la Ferme des 45. fols au lieu des Péages & Octrois, Cinq-cent trente mille livres.

Des 9. livres dix-huit fols pour Tonneau de Picardie, Huit vingt quatorze mille livres.

De la Ferme de Broüage, 254. mille livres.

De la Traite Foraine de Languedoc, Epiceries, & Drogueries de Marseille, & Deux pour Cent d'Arles, Trois cent quatre-vingt mille livres.

Des Surtaux de Lion, Soixante mille livres.

Des

Des 5. Grosses Fermes, deux millions quatre cent mille livres.

Des nouvelles Impositions de Normandie, Deux cent cinquante mille livres.

De celles de la Riviére de Loire, deux cent vingt-cinq mille livres.

De la Ferme du Fer, 80. mille livres.

Des Ventes & des Bois ordinaires, cinq cent cinquante mille livres.

Des Domaines, cinq cent cinquante mille livres.

Somme totale, cinquante millions quatre cent quatre-vingt trois mille livres.

Je sçai bien que cet Etablissement bien entendu, sera trouvé juste & raisonnable par tous ceux qui auront Expérience & Capacité en la Conduite des Etats.

Entre les divers Surintendans des Finances qui ont été de mon tems, j'en ai veu des plus entendus en ce qui est du Fiscq, qui égaloient le seul Impôt du Sel sur les Marais aux Indes du Roi d'Espagne, & qui conservoient ce secret comme le vrai Fondement du Soulagement du Peuple, de la Réformation, & de l'Opulence de l'Etat.

Et en effet, pour peu de sens qu'ayent les plus grossiers, ils seront contraints

traints de reconnoître qu'on ne sçauroit
estimer la décharge, & le contentement qu'auroit le Peuple, s'il lui étoit
permis d'user du Sel comme du Bled,
chacun n'en prenant qu'autant qu'il en
voudroit & pourroit consommer.

Il est certain que la Suppression que
l'on feroit du grand nombre d'Officiers
qui sont établis pour l'Impôt du Sel, &
la délivrance des Chicaneurs, & de la
Procédure qu'ils font quelquefois par
le devoir de leurs Charges, & souvent
par Malice, pour contraindre les Peuples à prendre le Sel auquel ils sont im-
posez, leur causeroient un soulagement
indicible.

Il est certain de plus, qu'on pourroit
bien justement récompenser les Provinces, qui jusques à présent ont joüi
de l'Exemption du Sel, par une telle
décharge de Tailles, que si à l'avenir
ils l'achetoient plus cher qu'ils n'ont
fait par le passé, la diminution de la
Taille seroit équipolente à l'augmentation du prix du Sel à laquelle ils seroient
sujets, bien qu'ils l'achetassent librement.

Il est certain encore, que bien que
l'on puisse dire, que la diminution de
la Taille ne touche que le Peuple, &
que l'augmentation du prix du Sel, que
l'on

l'on a jusques à présent vendu dans les Provinces exemptes de l'Impôt, intéresseroit les Ecclésiastiques, la Noblesse, & les Exempts. Tous recevroient l'effet & la diminution des Tailles, en tant que le Revenu des Tailles n'étant plus, le Revenu des Héritages augmenteroit à proportion que les Fermiers qui les font valoir seroient déchargez des Impôts qui sont mis sur les Héritages qu'ils tiennent à Ferme.

Il est certain enfin, que bien que les difficultez d'un tel établissement fussent grandes, si est-ce toutefois qu'on pourroit les surmonter.

Si après avoir considéré cet établissement du Sel, on examine celui du Sol pour Livre, on le trouvera d'autant plus juste, qu'il est établi en divers Etats, & qu'il a été déja deux fois résolu en Corps d'Etâs, sous le Grand Roi François, & en l'Assemblée des Notables à Roüen, sous le Grand Henri d'Immortelle mémoire.

Cependant parce que les Soupçons sont si naturels aux Peuples & aux Communautez, qu'elles établissent d'ordinaire leur principale Seureté en leur Méfiance, qui les porte toûjours à craindre que ce qui leur est le plus utile, leur soit desavantageux, & que les grands
Chan-

Changemens font quafi toûjours fujets à des ebranlemens fort périlleux. Au lieu de confeiller un tel Établiffement, j'ofe en détourner, & le fais d'autant plus hardiment, que telles Nouveautez ne doivent jamais être entreprifes, fi elles ne font abfolument Néceffaires.

Or tant s'en faut que la France foit en ce terme, qu'au contraire j'eftime beaucoup plus aifé de rendre le Peuple à fon aife, & mettre l'Etat en Opulence, fans avoir recours à tels Expédiens, qu'en les pratiquant : veu que bien qu'il ne s'y trouve aucune difficulté qui ne puiffe être furmontée ; il y en a fans doute de beaucoup plus grandes, de recourir à de tels Changemens.

Pour vérifier cette Propofition, il ne faut autre chofe qu'éxaminer la Dépenfe dont on pourra fe contenter en temps de Paix, & voir quel profit on pourra tirer de l'Epargne que le temps permettra de faire.

La Seureté & la grandeur de ce Royaume ne peuvent fouffrir les Dépenfes de la Guerre, moindres que le Projet porté ci-deffus, il faut faire état qu'elles reviendront à prés de douze Millions.

La Dépenfe des Garnifons ordinaires, qui revient tous les ans à trois Millions, pourroit être suprimée, tant parce que la plus grande partie des Gens de Guerre qui seront lors entretenus avec l'Etat, entreront en Garnison dans les Places, que parce que la plus grande partie des susdits trois Millions ne sort de la Bourse du Roi, que pour entrer en celle des Gouverneurs Particuliers, qui d'ordinaire ne tiennent que dix Hommes, lors qu'ils en doivent avoir Cent.

Mais étant difficile, qu'il n'y ait quelques Places Privilégiées & de telle Importance, qu'on ne peut refuser à ceux qui en sont Gouverneurs, quelques Garnisons particuliéres; dont ils puissent d'autant mieux répondre, qu'ils les choisiront à leur gré. Il faut, à mon avis, retrancher les deux tiers de cette Dépense, pour la reduire à un Million.

La Dépense de la Mer de Ponant & de Levant ne sçauroit être moindre que de deux Millions cinq-cent mille livres, ainsi qu'il paroît par les Actes particuliers qui en sont dressez.

Celle de l'Artillerie reviendra à six Cens mille livres.

Celles des Maisons du Roi, de la Reine, de Monsieur, à trois Millions cinq cent mille livres. Les

Les Penfions des Suiffes , du paye-ment defquelles on ne peut honorable-ment s'exempter , font de quatre cent mille livres.

Les Bâtimens coûteront trois cent mille livres.

Les Ambaffadeurs , deux Cent cin-quante mille livres.

Les Fortifications , fix Cent mille li-vres.

On pourroit retrancher entiérement toutes les Penfions, qui coûtent au Roi quatre Millions ; Mais d'autant qu'il eft impoffible de paffer d'une extrémité à l'autre fans milieu, & qu'on n'eft pas accoûtumé en France à refifter aux Im-portunitez , lors mêmes qu'elles font les plus injuftes ; je croi qu'il faut fe contenter de les reduire à la moitié. Ce qui eft d'autant plus neceffaire qu'il eft Avantageux au Public , que l'oifiveté de la Cour ne trouve point de Récom-penfes , & qu'elles foient toutes atta-chées aux périls de la Guerre, partant les Penfions & Apointemens ne feront employées à l'avenir que pour deux Mil-lions.

Les Ordinaires du Roi , Cinquante mille livres.

Les Acquits patents quatre Cent mil-le livres.

Les

Les Parties Inopinées, & les Voyages, deux Millions.

Les Non-Valeurs, Cent cinquante mille livres.

Le Comptant du Roi, trois Cent mille livres.

Toutes ces Dépenses ne revienent qu'à vingt-cinq Millions, qui étant tirez de trente-cinq, à quoi monte la Recepte ; Il en restera dix, lesquels de la première année seront employez à la diminution des Tailles.

Le vrai moyen d'enrichir l'Etat est, de soulager le Peuple , & de décharger l'un & l'autre de ses Charges ; en diminuant celles de l'Etat , on peut diminuer les Tailles , & non autrement ; & pourtant c'est la principale Fin qu'on se doit proposer dans le Réglement de ce Royaume.

† Pour bien prendre ses mesures en
une

---

† De trente quatre Millions , à quoi revienent toutes les diverses natures de Levées qui se tirent du Peuple , en vertu du Brévet de la Taille ; il y en a vingt-six Millions , qui s'employent au payement des Charges constituées sur la Taille , qui consistent en Rentes , ou en Gages & Taxation d'Offices ou en Droits qui leur ont été engagez.

Bien que la Ferme des Aydes produise tous les ans quatre Millions , il n'en revient à l'Epargne que 400. mille livres. Les Rentes , Gages ,
Ta-

une Affaire si Importante , il faut sa-
voir que bien que toutes les Levées qui
se font en ce Royaume , reviennent à
prés de quatre-vingt Millions ; il y en a
plus de quarante-cinq en Charges , sur
lesquels on peut faire un si bon ménage ,
qu'au lieu qu'on peut dire maintenant
que lesdites Charges sont la Ruïne du
Roi. J'ose avancer que de là viendra son
Soulagement & son Opulence.

Beaucoup estimeront sans doute ,
qu'il seroit à souhaiter que l'Etat fust
déchargé de tout ce Faix , mais parce
qu'il est impossible de faire subsister un
grand Corps sans diverses Dépenses ab-

H 3　　　　solu-

Taxations & Droits engagez sur lesdites Aydes
consomment le reste , qui est de plus de 3. Millions & demi.

Bien qu'on tire de toutes les Gabelles prez de
19. Millions , il n'en revient à l'Epargne que 5.
Millions 500. tant de mille livres , parce que le
reste qui revient à prez de 13. Millions , est em-
ployé au payement des Rentes créées sur lesdites
Gabelles , ou à celui des Gages , Taxations &
Droits des Officiers des Gréniers à sel , ou des
Gages du Parlement de Paris , Chambre des
Comptes , Cour des Aydes , grand Conseil ou
des Sécretaires du Roi

Bien que toutes les autres Fermes de l'Etat ,
produisent 12 Millions , il n'en revient que dix
au Roi , parce qu'il en faut rabattre plus de deux
Millions affectez au payement de quelques Rentes , Gages d'Officiers , Taxations & Droits
alienez.

folument néceffaires à fon Entretien. Comme le Poids de toutes ces Charges enfemble, ne peut être fuporté par l'Etat, la Supreffion entiére ne peut être défirée avec Raifon.

On peut propofer trois Moyens pour la Diminution defdites Charges.

Le premier eft l'imputation de la trop grande joüiffance que les Particuliers ont fait des Deniers du Roi fur le Fonds qu'ils ont débourfé pour aquérir les Rentes, les Offices, & les Droits dont ils joüiffent.

Je fçai qu'il n'y auroit pas grande peine à dépofféder par ce moyen quelques Particuliers des Rentes & des Droits qu'ils reçoivent, & qu'il ne faudroit faire qu'une bonne Supputation des Deniers qu'ils ont perceus, dans laquélle outre l'Intérêt permis par les Ordonnances, on trouveroit fans doute le remboursement du prix de leur Engagement.

Mais quand la juftice de cet Expédient ne pourroit être conteftée, la Raifon ne permettra pas de s'en fervir, parce que fa Pratique ôteroit tout moyen à l'avenir de trouver de l'Argent dans les Néceffitez de l'Etat, quelque engagement qu'on vouluft faire.

Il eft Important de bien remarquer à

ce

ce propos, que telle chofe peut bien n'être pas contre la Juftice, qui ne laif- feroit pas d'être contre la Raifon d'une bonne Politique, & qu'il faut bien fe donner de garde d'avoir recours à des Expédiens qui ne violant pas la Raifon, ne laifferoient pas de violer la Foi Pu- blique.

Si quelqu'un dit que les Intérêts Pu- blics doivent être préférez aux Particu- liers, en avoüant fa Propofition ; je le prie de confidérer qu'en la difcuffion de ce Point, ces différentes natures d'In- térêts, n'entrent point en balance, mais que les Publics font feulement contrepéfez par d'autres de même natu- re, & qu'ainfi que le futur a bien plus d'étenduë que le prefent, qui paffe en un inftant ; Les Intérêts qui regardent l'avenir, doivent par Raifon être plus confidérez que ceux du préfent, con- tre la coûtume des Hommes fenfuels, qui préférent ce qu'ils voyent de plus prés, parce que la veüe de leur Raifon n'a pas plus d'étenduë que celle de leur Sens.

Si l'on garde en ce Point la Foi Publi- que, ainfi que je l'eftime tout à-fait Néceffaire, l'Etat en fera beaucoup plus foulagé qu'il ne feroit, quand mê- mes on fupprimeroit une partie de fes

Char-

Charges fans nouvelles Finances, en
ce qu'il demeurera Maître des Bourfes
des Particuliers en toutes occafions, &
ne laiffera pas d'augmenter confidéra-
blement fon Revenu.

Le fécond Moyen pour diminuer les
Charges du Royaume, confifte en leur
Rembourfement fur le pied de la Finance actuellement déboursée par les Particuliers; mais la Vérification en feroit
difficile, veu que pour faciliter le débit
de ce que la néceffité de l'Etat a contraint d'aliéner, on a fouvent donné
au Dénier quatre, ce qui paroît engagé
au Dénier fix.

Ce Moyen jufte en foi-même, ne
peut être pratiqué, fans donner prétexte à beaucoup de Plaintes, quoi que
mal fondées.

Le troifiéme Moyen pour la diminution des Charges de l'Etat, confifte
à Rembourfer celles qui ne feront pas
néceffaires, au même prix qu'elles fe
débitent entre les Particuliers, rem-
bourfant fur ce pied les Propriétaires des
Offices des Rentes & des Droits qu'on
voudra Suprimer, ils ne recevront aucun préjudice, & le Roi ne fe prévau-
dra pas de l'Avantage commun qu'il a,
à des Particuliers qui peuvent fe libérer
à la charge de leurs Dettes, lors qu'ils

ont

ont le moyen de les payer au même prix qu'elles se vendent ordinaire
ment.

Ce Moyen qui est le seul qui peut, &
qui doit être pratiqué, peut produire
son effet en diverses façons, ou en lon-
gues années, par le seul ménage de la
joüissance des Charges, ou en une seule, moyennant une Somme immen-
se de Deniers, qu'il faudroit avoir comptant par le Supplément d'un Fonds extraordinaire.

L'impatience naturelle à nôtre Nation, ne donnant pas lieu d'espérer,
que nous puissions persévérer quinze &
vingt années en une même résolution.
La premiére voye qui requerroit autant de tems, n'est aucunement rece-
vable.

Le grand Fonds qu'il faudroit pour
Rembourser tout à la fois des Charges
aussi immenses que sont celles de l'E-
tat, fait que la Proposition de cette seconde Voye seroit aussi ridicule qu'impossible, ainsi la troisiéme reste seule
pratiquable.

Pour s'en servir avec tant de justice
que l'on ne s'en puisse plaindre, il faut
considérer les Charges qu'on voudra
Suprimer sur trois pieds différens, suivant le divers cours de leur débit.

H 5   † Les

† Les premiéres Rentes conftituées fur la Taille, qui fe vendent d'ordinaire au Dénier cinq, ne doivent être confidérées, ni Rembourfées que fur ce pied, felon lequel leur propre joüiffance en fait le Remboursement entier en sept années & demie.

Les autres Rentes conftituées fur la Taille depuis la mort du Feü Roi, qui fe payent ou dans les Elections, ou dans les Receptes Générales, doivent être Rembourfées fur le pied du Dénier fix, parce que c'eft leur débit, fur lequel leur joüiffance ne peut faire leur Remboursement qu'en huit ans & demi.

Les Offices des Elections avec Gages, Taxations des Offices & autres Droits qui leur font attribuez, doivent être Rembourfez fur le pied du Dénier huit, qui eft le prix ordinaire de telles Charges.

* La Raifon oblige à prendre un même

† La plus grande partie de Rentes conftituées fur la Taille, depuis 612 font encore à préfent entre les mains de Partifans, de leurs Héritiers, ou de ceux à qui ils les ont tranfportées, & ils les ont aquifes à fi bas prix, qu'ils en attendent à toute heure le retranchement, qui leur feroit bien moins avantageux que le Remboursement au prix courant.

‡ Les nouvelles Rentes établies fur les Aydes,
ne

me pied pour le Remboursement des Charges constituées sur les Aydes, sur toutes les Gabelles, sur les cinq Grosses Fermes, sur la Foraine de Languedoc & de Provence, sur la Doüane de Lion, sur le Convoy de Bourdeaux, Coûtume de Bayonne, Ferme de Broüage, & tels Remboursemens ne peuvent être faits par la seule joüissance, qu'en onze années.

Je sçai bien qu'il se void tous les jours des Rentes de cette nature à moindre prix que le Denier huit ; mais j'en propose le Remboursement sur ce pied pour la satisfaction des Particuliers, estimant que si en une Affaire de telle Importance, il doit y avoir de la lésion, il vaut mieux qu'elle tombe sur le Roi que sur eux.

Le pied de tous les Remboursemens que l'on peut faire, étant justement établi ; Il faut considérer qu'il y a certaines Charges si nécessaires en ce Royaume, ou engagées à si haut prix, qu'on ne les met pas entre celles, au Remboursement desquelles on doit penser,

ne se vendent qu'au Denier sept, & il y en a pour deux Millions.

Les nouvelles Rentes sur les Gabelles, se vendent au Denier sept & demi. Et il y en a pour cinq Millons deux cens soixante mille livres.

† Les premiéres Rentes conſtituées ſur la Taille, qui ſe vendent d'ordinaire au Dénier cinq, ne doivent être conſidérées, ni Rembourſées que ſur ce pied, ſelon lequel leur propre joüiſſance en fait le Rembourſement entier en ſept années & demie.

Les autres Rentes conſtituées ſur la Taille depuis la mort du Feu Roi, qui ſe payent ou dans les Elections, ou dans les Receptes Générales, doivent être Rembourſées ſur le pied du Dénier ſix, parce que c'eſt leur débit, ſur lequel leur joüiſſance ne peut faire leur Rembourſement qu'en huit ans & demi.

Les Offices des Elections avec Gages, Taxations des Offices & autres Droits qui leur ſont attribuez, doivent être Rembourſez ſur le pied du Dénier huit, qui eſt le prix ordinaire de telles Charges.

* La Raiſon oblige à prendre un même

---

† La plus grande partie de Rentes conſtituées ſur la Taille, depuis 612 ſont encore à préſent entre les mains de Partiſans, de leurs Héritiers, ou de ceux à qui ils les ont tranſportées, & ils les ont aquiſes à ſi bas prix, qu'ils en attendent à toute heure le retranchement, qui leur ſeroit bien moins avantageux que le Rembourſement au prix courant.

† Les nouvelles Rentes établies ſur les Aydes,

ne

me pied pour le Remboursement des Charges constituées sur les Aydes, sur toutes les Gabelles, sur les cinq Grosses Fermes, sur la Foraine de Langue, doc & de Provence, sur la Doüane de Lion, sur le Convoy de Bourdeaux, Coûtume de Bayonne, Ferme de Broüage, & tels Remboursemens ne peuvent être faits par la seule joüissance, qu'en onze années.

Je sçai bien qu'il se void tous les jours des Rentes de cette nature à moindre prix que le Denier huit; mais j'en propose le Remboursement sur ce pied pour la satisfaction des Particuliers, estimant que si en une Affaire de telle Importance, il doit y avoir de la lésion, il vaut mieux qu'elle tombe sur le Roi que sur eux.

Le pied de tous les Remboursemens que l'on peut faire, étant justement établi; Il faut considérer qu'il y a certaines Charges si nécessaires en ce Royaume, ou engagées à si haut prix, qu'on ne les met pas entre celles, au Remboursement desquelles on doit penser,

H 6 par

ne se vendent qu'au Denier sept, & il y en a pour deux Millions.

Les nouvelles Rentes sur les Gabelles, se vendent au Denier sept & demi. Et il y en a pour cinq Millions deux cens soixante mille livres.

par la Voye qui fe propofe maintenant.

Tels font les Gages des Parlemens &
autres Cours Souveraines, des Préfi-
diaux & Siéges Royaux, des Secrétai-
res du Roi, des Tréforiers de France,
& des Receveurs Généraux.

Ce n'eft pas que j'eftime qu'il ne faille faire aucune Suppreffion en ce genre
d'Offices; je fuis bien éloigné de cette
penfée; Mais pour procéder avec ordre à la diminution des Charges du Royaume, la Raifon veut qu'on commence par le Rembourfement de celles
qui font à meilleur prix, & qui font in-
commodes au Public.

En cette confidération, je préfére la
Suppreffion des Rentes établies fur les
Tailles, & celle de beaucoup de Char-
ges d'Elûs, à tout autre.

Celle des rentes de cette nature à caufe de leur bas prix, & celle des Elûs,
parceque ces Officiers font la vraye
Source de la Mifére du Peuple, tant à
caufe de leur grand nombre qui eft fi ex-
ceffif, qu'il fait plus de quatre Milions
en exempts, que pour leurs Malverfa-
tions fi ordinaires, qu'à peine y a-t-il
un Elû qui ne décharge fa Paroiffe; que
beaucoup tirent de celles qui leur font
indifférentes, & qu'il s'en trouve de fi
aban-

abandonnez, qu'ils ne craignent point
de se charger de crimes, en augmen-
tant à leur profit les Impofitions à la
charge du Peuple:

Cette même Confidération eft la
feule qui m'empêche maintenant de
parler de la Supreffion de beaucoup
d'Offices de Judicature, dont la multi-
tude eft inutile, leur prix étant auffi extraordinaire que leurs Gages font petits; ce feroit un mauvais ménage que
d'y toucher par la néceffité préfente.
Quand on voudra en diminuer le nombre, le moyen de parvenir à cette Fin,
fera de faire un fi bon réglement de la
Paulette, que les Offices étant réduits
à un prix modéré, le Roi puiffe lorfqu'ils viendront à vacquer, les rembourfer aux Propriétaires, & les Supprimer tout enfemble.

Je ne comprends point encore dans
le nombre des Suppreffions, les Colléges des Secretaires du Roi, les Bureaux
des Tréforiers de France, & les receveurs généraux, non à raifon de la modi-
cité de leurs Emolumens, qui font affez bons, mais à caufe de leur Finance,
qui n'eft pas petite.

Je n'y mets point auffi les vieilles
rentes qui ont été creées du tems des
Prédéceffeurs de V. M. & qui fe payent

au

au Bureau de la Ville de Paris, tant parce que l'actuelle Finance déboursée par les Acquéreurs, est plus grande que celle de tous les autres, que parce qu'il est bon que les Intérêts des Particuliers soient en quelque façon mélez avec ceux de leur Souvérain, que parce qu'enfin elles sont passées à diverses Religions, Hôpitaux, & Communautez, à la Subsistance desquelles elles sont nécessaires, & qu'ayant été diverses fois partagées dans les Familles, il semble qu'elles y ayent fait Souche, & qu'on ne les en puisse tirer, sans troubler leur Etablissement.

. Cependant pour n'oublier aucun ménage qui se puisse faire avec Raison, à l'avantage de l'Etat, je dois rémarquer deux choses en ce lieu.

La première est, que les Bureaux des Tréforiers de France subsistant, on peut profiter d'un tiers de leurs Gages, étant certain qu'ils se trouveront bien traitez en la réformation général du Royaume, si en les asseurant de ne plus leur imposer de nouvelles Taxes, on réduit leurs Gages aux deux tiers de ceux qu'ils ont eu par le passé, & par leur premiére Création.

La seconde est, qu'en ne supprimant pas les Rentes établies sur la Maison de Ville, du tems du Feu Roi, qui sont toutes creées au Dénier douze, ce qui se fera avec d'autant plus de Justice, que les Particuliers n'en constituent qu'au Denier dix-huit, les Propriétaires desdites Rentes constituées sur la Ville, se prévaudront par la Grace du Roi de

deux

deux Déniers, en la joüiſſance de celles qu'ils auront de cette nature.

Et comme ils trouveront en cela leur avan-tage, le Roi y trouvera le ſien, en ce que les Rentes dont l'Etat ſera chargé ſeront de meilleur débit que celles des Particuliers, ſup-poſé qu'on ſoit exact à les payer ſans dimi-nution, ainſi qu'on y eſt obligé, & qu'on le doit faire pour l'Intérêt Public.

Pour ſatisfaire, tant au payement de ces Rentes, qu'aux Gages de pluſieurs Officiers, ou abſolument néceſſaires, ou du moins non ſuprimables dans les tems préſens, j'eſtime que de quarante cinq millions dont ce Ro-yaume eſt maintenant chargé, il faut ſe con-tenter d'en ſupprimer trente, laiſſant le reſte pour l'acquit des Charges qui demeureront.

a Des trente millions à ſupprimer, il y en a prés de ſept dont le rembourſement ne de-vant être fait qu'au Dénier cinq, la Suppreſ-ſion s'en fera dans ſept années & demie, par la ſeule joüiſſance.

Des autres vingt-quatre, il s'en trouve-ra encore autant, qui ne devant être rembour-ſez qu'au Dénier ſix; qui eſt le Prix courant
.de

a Les Rentes dont le Prix courant eſt au Dénier cinq, montent juſtement à ſix millions huit cent douze mille livres; ſçavoir ſix millions qui ont été conſtituez des huit millions aliénez ſur les Tailles au mois de Février 1634. quatre cent quinze mille livres conſtituée par le Sieur Gail-lard & ſes Aſſociez au mois de Janvier 1634. Et cent douze mille livres conſtituées par Edit du mois de Mars de la même année, par les Créan-ciers de Moyſſel & Payen.

de telles Charges, ils pourront être fuprimés
en huit années & demie, par la feule joüiffance.

Mais parce qu'ainfi que je l'ai repréfenté
cy-deffus, les Deffeins de longue haleine ne
font pas les plus feurs en ce Royaume, &
qu'en cette confidération il eft expédient de
reduire toutes les Suppreffions qu'on voudra
faire à un nombre d'années, qui n'excéde pas
la portée de nôtre Patience ; Pour faire que
tous les Rembourfemens qu'on entrepren-
dra, s'accompliffent dans le même tems que
les Rentes qui fe débitent au Dénier cinq fe
fuprimeront par leur propre joüiffance, il
faut faire un Fonds extraordinaire de la Valeur d'un fixiéme du Prix courant defdites
Rentes, qui revient juftement à fept millions, une fois payez, pour la fuppreffion
d'autant de Révénu.

Pour achéver la Suppreffion des trente
millions propofez, il en refte encore feize à
rembourfer, qui le doivent être fur le pied du
Dénier huit, parce que c'eft le Prix courant
de leur Débit.

Or parce que le Rembourfement de ces
feize millions, ne fçauroit être fait qu'en
douze années par leur propre joüiffance, &
qu'il eft à propos de racourcir ce tems, pour
reduire cette Supreffion en fept années, ainfi
que celle des quatorze millions précédens, il
faut de huit parts en fupléer trois par Fonds
extraordinaires, lefquels reviennent à qua-
rante-huit millions;

Bien que la grandeur de cette Somme, foit

capa-

capable d'étonner d'abord ceux qui sçavent la facilité des Affaires de cette nature en ce Royaume, ne douteront pas qu'elle ne soit d'autant plus facile à trouver, qu'il ne la faut fournir qu'en sept années.

Et la Paix ne sera pas plûtôt établie, que l'usage des Partis, ordinaires en ce tems pour trouver de l'Argent, étant aboli, ceux qui se seront nourris en cette nature d'Affaires, ne pouvant perdre en un instant leurs premières habitudes, convertiront volontiers toute leur industrie à défaire ce qu'ils auront fait, par les mêmes voyes dont ils se sont servis pour l'établir premiérement; C'est à dire, à éteindre & supprimer, en vertu des Partis qu'ils feront, à cet effet, les Rentes, les Droits & les Offices, de la Création desquels ils auront été Autheurs en vertu d'autres Partis.

Ainsi le Royaume peut être soulagé en sept années, de trente millions des Charges ordinaires qu'il porte maintenant.

Le Peuple déchargé effectivement des vingt-deux millions de Tailles, qui est maintenant la moitié de ce qu'il porte; le Revenu du Royaume se trouvera de cinquante sept millions, ainsi que l'Etat suivant le justifie.

RECEPTE.

Des Tailles, vingt-deux millions.

Des Aydes, quatre millions.

De toutes les Gabelles, dix-neuf millions.

De toutes les autres Fermes, douze millions.

Total, cinquante-sept millions.

Desquels ayant ôté vingt-sept millions, qui entreront tous les ans à l'Epargne, cette Somme doit être estimée si notable, qu'il n'y a aucun Etat en la Chrétienté qui en tire la moitié, ses charges préalablement acquitées.

Si en suite de ces Suppressions, qui assujettiront beaucoup de Gens au payement des Tailles, sans qu'ils s'en puissent plaindre; ou supprime encore tous les Officiers qui s'exercent par Matricule, ou par simple Commission; Si on régle le nombre des Notaires, non seulement Royaux, mais des Jurisdictions ordinaires, on procurera un Soulagement indicible au Peuple, tant parce qu'on le délivrera par ce moyen d'autant de Sangsuës qu'on lui ôtera de telles Gens, que parce qu'en outre y aïant plus de cent mille officiers à retrancher de cette nature, ceux qui se trouveront destituez de leur Employ ordinaire, seront contraints de prendre celui de la Guerre, du Commerce, ou du Labourage.

Si l'on reduit ensuite toutes les Exemptions à la Noblesse, & aux Commensaux de la Maison du Roi, il est certain que les Villes, les Communautez exemtes, les Cours Souvéraines, les Bureaux des Tréforiers de France, les Elections, les Gréniers à Sel, les Offices des Eaux & Forêts, du Domaine, & des Decimes, les Intendans & Receveurs des Paroisses, faisant plus de cent mille Exemts; déchar-

déchargeront les Peuples de plus de la moitié de leurs Tailles ; étant encore certain, que les plus Riches, sujets aux plus grands Taux, sont ceux qui s'exemptent au Prix de, leurs Bourses.

Je sçais bien qu'on dira, qu'il est aisé de faire de tels Projets, semblables à ceux de la République de Platon, qui Belle en ses Idées, est une Chimére en Effet.

Mais j'ose asseurer, que ce Dessein est non seulement si raisonnable, mais si aisé à exécuter, que si D i e u fait la grace à V. M. d'avoir bien-tôt la Paix, & de la conserver à ce Royaume avec ses Serviteurs, dont je m'estime l'un des moindres, au lieu de laisser cet Avis par Testament, j'espére de le pouvoir accomplir.

SECTION VIII.

Qui montre en peu de mots, que le dernier Point de la Puissance des Princes doit consister en la Possession du Cœur de leurs sujets.

L Es Finances étant ménagées, selon qu'il est porté cy-dessus, le Peuple se trouvera tout-à-fait soulagé, & le Roi sera Puissant par la Possession du Cœur de ses sujets, qui considerant le soin qu'il aura de leurs Biens, seront portez à l'aimer par leur propre intérêt.

a Les Anciens Rois ont fait un Etat si particulier du Cœur de leurs sujets, que quelques-uns ont estimé, qu'il valoit mieux par

ce

(a) Philippes de Valois.

ce moyen être Roi des François que de la France.

Et en effet cette Nation a été autres-fois reconnuë si passionnée pour ses Princes, qu'il se trouve des Autheurs b qui la loüent, d'être toûjours prête à répandre son Sang, & dépenser son Bien pour le Service & pour la Gloire de l'Etat.

c Sous les Rois de la premiére, seconde, & troisiéme Race, jusques à Philippe le Bel, le Trésor des Cœurs a été le seul Bien Public qui se conservoit en ce Royaume.

Je sçais bien que les tems passez, n'ont point de raport ni de proportion au présent; que ce qui a été bon en un Siécle, n'est pas souvent permis en un autre.

Mais bien qu'il soit certain, que le Trésor des Cœurs ne peut suffire maintenant, c'est chose aussi trés-asseurée, que celui de l'Or & l'Argent est presque inutile sans ce Premier, l'un & l'autre sont nécessaires, & qui n'en aura qu'un, sera Nécessiteux dans l'Abondance.

CHA-

(b) Ammian Marcellin Liv. 16. & 17.

(c) Cette Politique étoit fondée au dire d'un Grand Prince, qui pour être privé de la vráye Lumiére qui consiste en la Foi, ne laissoit pas de voir si clair par celle de la Raison, qu'il estimoit ne pouvoir jamais manquer d'Argent dans ses nécessitez, puis qu'il étoit aimé de ses Peuples, qui en avoient pour lui.

Cyrus & Xenophon Liv. 5. de son Institution.

CHAPITRE X.

Qui conclut cet Ouvrage, en faisant connoître,
que tout le contenu en iceluy sera inutile, si
les Princes & leurs Ministres ne sont si atta-
chez au Gouvernement de l'Etat, que n'ob-
mettant aucune chose de ce à quoi leur Char-
ge les astreint, ils n'abusent pas de leur
Puißance.

POur terminer heureusement cet Ouvrage, il ne me reste qu'à représenter à V.
M. que les Rois étant obligez à faire beaucoup plus de choses comme Souverains, que
comme Particuliers, il ne peuvent se dispen-
ser si peu de leur Dévoir, qu'ils ne commet-
tent plus de Fautes par Omission, qu'un Particulier ne sçauroit faire par Commission.

Il est ainsi de ceux sur lesquels les Souverains se déchargent d'une partie du Faix de
leur Empire, puis que cet Honneur les
astreint aux mêmes Obligations ausquelles
les Souvérains sont tenus.

Les uns & les autres considérez comme
Personnes Privées, sont sujets aux mêmes
Fautes, comme tous les autres Hommes;
mais si on a égard à la Conduite du Public,
dont ils sont chargez, ils se trouveront sujets
à beaucoup d'autres, veu qu'en ce sens ils ne
sçauroient obmettre sans pécher, ce à quoi
ils sont obligez par leur Ministére.

En cette considération, tel peut être Bon
&

& Vertueux, comme Particulier, qui sera Mauvais Magistrat, & Mauvais Souvérain, par le peu de Soin qu'il aura de satisfaire aux Obligations de sa Charge.

En un mot, si les Princes ne font tout ce qu'ils peuvent pour régler les divers Ordres de leur Etat :

S'ils sont Négligens au Choix d'un bon Conseil; s'ils en méprisent les Avis Salutaires :

S'ils n'ont un Soin particulier de se rendre tels, que leur Exemple soit une Voix parlante :

S'ils sont Paresseux à établir le Régne de Dieu, celui de la Raison, & celui de la Justice tout ensemble :

S'ils manquent à protéger les Innocens, à récompenser les signalez Services qui sont rendus au Public, & à châtier les Desobé-issances & les Crimes, qui troublent l'Ordre de la Discipline, & la sûreté des Etats :

S'ils ne s'appliquent pas autant qu'ils doivent, à prévoir & à prévenir les Maux qui peuvent arriver, & à détourner par de soigneuses Négociations les Orages, que des Nuës aménent aisément souvent de plus loin qu'on ne pense :

Si la Faveur les empêche de bien choisir ceux qu'ils honorent des grandes Charges, & des principaux Emplois du Royaume :

S'ils ne tiennent puissamment la main à établir l'Etat en la Puissance qu'il doit être :

Si en toutes occasions, ils ne préférent les Intérêts Publics aux Particuliers, quoi qu'ils soient Bien vivans d'ailleurs, ils se trouveront beaucoup-plus Coupables que ceux qui transgressent actuellement les Commandemens & les Loix de Dieu ; étant certain, qu'obmettre ce à quoi on est obligé, & commettre ce qu'on ne doit pas faire est une même chose.

Je dois encore représenter à V. M. que si les Princes, & ceux qui sont employez sous Eux aux premiéres Dignitez du Royaume, ont de grands Avantages sur les Particuliers, ils posédent un tel Bénéfice à Titre bien onéreux, puis que non seulement ils sont sujets par omission aux Fautes que j'ai marquées, mais qu'il y en a même encore plusieurs autres de commission, qui leur sont particuliéres.

S'ils se servent de leur Puissance, pour commettre quelque Injustice ou quelque Violence, qu'ils ne peuvent faire comme Personnes Privées, ils font par commission un Péché de Prince & de Magistrat, dont leur seule Autorité est la Source, & duquel le Roi des Rois leur demandera au jour du Jugement un Compte trés-particulier.

Ces deux divers genres de Fautes, particuliéres aux Princes & aux Magistrats, leur doivent donner à penser qu'elles sont bien d'un autre poids que celles des Particuliers ; parce que comme Causes universelles, elles influent leurs Désordres à tout ce qui leur étant soûmis, reçoit impression de leur mouvement.

Beaucoup se sauveroient comme Personnes Privées, qui se damnent en effet comme Personnes Publiques.   Un

Un des plus Grands Rois de nos Voiſins, réconnoiſſant cette Vérité en mourant, s'écria, qu'il ne craignoit pas tant les Péchez de Philippes, qu'il appréhendoit ceux du Roi.

Sa penſée étoit vrayement Pieuſe, mais il eût été bien plus utile à ſes Sujets, & à lui-même, qu'il l'eût eüe devant les yeux au fort de ſa Grandeur & de ſon Adminiſtration, que lors qu'en connoiſſant l'Importance, il ne pouvoit plus en tirer le Fruit néceſſaire à ſa Conduite, bien qu'il le pût recevoir pour ſon Salut.

Je ſuplie VÔTRE MAJESTY de penſer dez à cette heure à ce que ce Grand Prince ne penſa, peut être, qu'à l'heure de ſa Mort ; & pour l'y convier par Exemple, autant que par Raiſon, je lui promets qu'il ne ſera Jour de ma Vie, que je ne tâche de me mettre en l'Eſprit ce que j'y dévrois avoir à l'heure de ma Mort, ſur le ſujet des Affaires Publiques, dont il lui plaît ſe décharger ſur moi.

F I N.

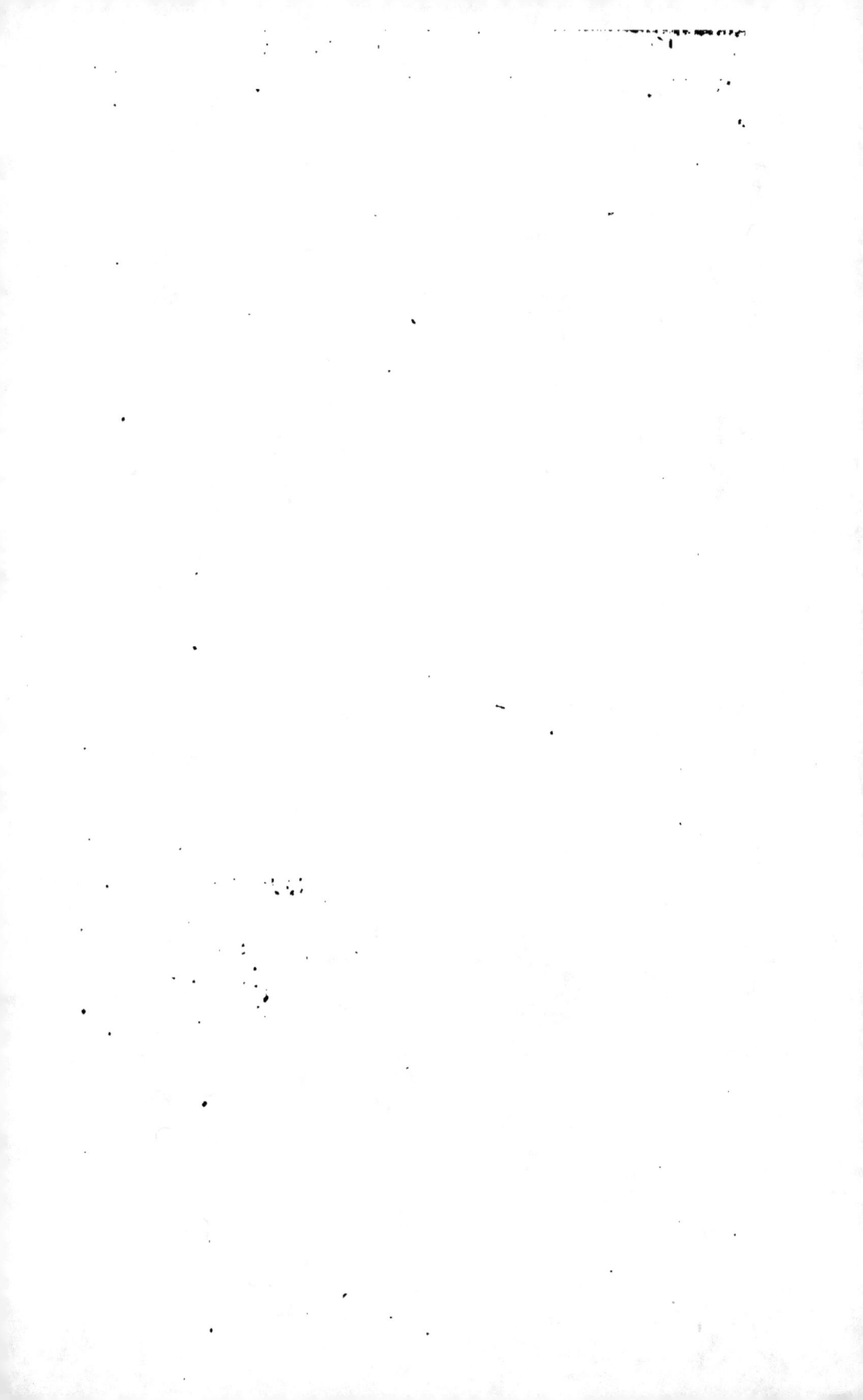

www.ingramcontent.com/pod-product-compliance
Lightning Source LLC
Chambersburg PA
CBHW072232270326
41930CB00010B/2098